凝煉知識品味閱讀

凝煉知識品味閱讀

大數據與公共政策

唐諾・科特（Donald F. Kettl）——著
謝孟達——譯
陳敦源、李仲彬——審閱

五南圖書出版公司 印行

電子治理研究中心叢書系列出版說明

2008 年政治大學在行政院國家發展委員會的資助下，成立了電子治理研究中心。本中心的目標是從研究與實務上推進政府數位轉型（digital transformation）的工作，經過十年的營運，不論在理論與實務上皆已成就重大進展；然而，多年來參與學者與實務工作者的努力，中心的資料庫已經儲存了大量的編碼與默會的知識，加上電子治理在國際上的發展也一日千里，許多網路時代治理新知的整理與轉化的工作，極待更積極與專注的投入，因此，這個叢書系列就是在這樣的環境之下而正式誕生了。期待在未來，電子治理研究中心能夠藉由這個叢書，當作華人世界引介與創造政府數位轉型知識的重要平台，也眞正引領兩岸四地的政府進入數位時代。」

叢書系列主編群：朱斌妤教授、蕭乃沂教授、陳敦源教授、黃東益教授

推薦序

大數據與公共政策：知道更多是做得更好的前提？

大數據是近年社會上的一個流行術語，雖然大多數的人都不知道這個概念背後的專業內涵，但是聊天過程中可以說上兩句，表示自己還能跟上時代；事實上，這個現象在專業的學術界可能更嚴重一點，因爲學者更需要證明自己在思想上沒有落伍！不過，作爲以公共行政這個實務理論相互調和爲核心價值的學子，我們還是會期待非囫圇吞棗式的知識採擷與應用，能夠在教育與公共政策的實務上，產生一些有意義的改變，因此，這本由美國著名公共行政學者 Donald F. Kettl 所著，關於大數據與公共政策的小書，必然會撩起我們的眼簾。不過，開始先讓我們來談三件事。

政府應該面對的追新現實

首先，**大數據眞的會帶來改變**！「台北等公車」是一個近年台北市民常用的手機 APP，公車族可以從這個 APP 上得知自己想搭的公車還有多少時間會抵達自己所在的車站，它的出現就是一個大數據在公共事務上應用的範例。政府協調公車業者在每一台公車上裝一個物聯網（Internet of things, IoT）的定位器，不斷傳回主資料庫每一台公車的位置，政府只需要將這個資訊用即時的方式公開，民間的公司就可以用這個資料來製作類似的 APP。事實上，這個 APP 並沒有改變公車族需要等公車的事實，但是因爲把等待的資訊告知消費者，公車族對於等公車這件事的主觀感受改變了，過去對公車品質的主觀評價，從來都是受等不到或是脫班嚴重等問題的影響，但是有了「台北等公車」之後，等公車本身不再是評量公車品質最重要的主觀指標了。

再者，**政府未必眞的想用大數據創造改變**！上政府管理課程時，我們常會問學生一個問題：「政府到底花了多少精神去了解民衆？」如果各位願意，下次去 7-11 結帳的時候偷看一下收銀機的鍵盤，上面有兩排有趣的按鈕，一排是粉紅色，另一排是淺藍色，各有五個按鈕，比方說，粉紅那一排代表女生，按鈕上標示小女（12 以下）、中女（13-18）、青女（19-35）、壯女（36-55）和老女（56 以上），收銀員被要求對每一筆消費按下一個按鈕，消費者性別、年齡，以及什麼物品、什麼時間、和什麼地點的資訊就會被送上主機的儲存空間，長年累積下來，7-11 將擁有一個龐大的數據庫，不但可讓決策者知道哪些商品受歡迎，還可藉此更精準地鋪貨，讓公司物流的成本降低，以至於在市場上更有競爭力。然而，沒有獲利壓力的政府，眞的願意花精神蒐集民衆資訊嗎？如果沒有，那追新有何用？

最後，**追新的行動，政府也會有專業落差**！政府近年推動公共政策，喜歡從審議民主的角度來解決「不知情民衆」（uninformed citizen）的問題，意圖藉由各種公民參與的模式，提升民主運作的品質；然而，這種對專業無知的問題不只發生在民衆身上，政府面對新興科技的快速發展，也會產生與一般民衆類似的不知情現象。早在

1973 年，諾貝爾經濟學獎得主 Herbert A. Simon 就認知到這個問題了，他半世紀前是這樣說的：「當高科技在社會占有愈來愈吃重的角色時，在政府服務提供的面向上，大家會愈來愈關注民眾參與是否是知情的問題，然而，知情參與的問題不只是一般民眾的問題，也可能是民選代表與高階文官的問題，當然，這更是傳統組織理論中，組織內專家面對大眾產生過度自信的老問題。」

跟隨行政學大師入手大數據

我們先談前面這三件事的原因，就是要爲這本書的重要性做一個鋪陳，這本書的重要性在於：第一，大數據眞的能夠帶來好的改變，因此，本書作者舉了很多令人興奮的案例應用，讓大家可以認同大數據的效用，缺點是這些都是美國的案例，台灣的讀者可能會有距離感；第二，政府對於大數據的應用，現狀下可能是消極且缺乏知情能量的，因此，本書可以當作一個「推銷」大數據給社會與政府的宣言，特別是從公共政策需要解決公共問題的角度出發，說服的力道可能更大；當然，本書的鋪陳與內容，確實也讓政府官員或是公共事務相關的學子們，能夠有一個專業門檻不高的入門書，它的好是短小輕薄，一百多頁的份量，不論是當作學校課堂的講義，論文寫作的參考，或是實務上的操作手冊，本書都可以用來滿足公共管理言論市場的需要。

本書的作者 Donald F. Kettl 在美國與國際公共行政學界是一位鼎鼎大名的學者，他雖然經驗研究的期刊論文產出不多，但他最擅長的是將複雜的公共管理風潮與各種概念整理得易讀能懂，雖然他著書並沒有特別進攻大學教科書的市場，但他每一本學術論著都會成爲大學與研究所在政府管理課堂上的研讀要角，因此，由這樣一位懂得駕馭文字的學者，來爲各類公共政策專業領域的學子們引介大數據是再適當不過的選擇。當然，一般非專業的讀者想要進入公共政策領域，從這本書的用字遣詞來看，它的設定對象應該是公共行政與公共政策領域專業的人士，因此，推薦者在此並不會把本書當作一本類似中研院〈研之有物〉的科普系列書籍，而是將本書視爲提供給對那些已在公共行政領域的理論與實務上浸潤一段時間，且剛好需要了解大數據人士的一本入門書。

Kettl 教授的內容主要應用公共政策學門基礎課程都會使用的過程論方式，將大數據會帶給公共政策理論與實務界「知道更多會做得更好」的可能，有系統地鋪陳給大家，包括「更透澈的認知」（Knowing Better）、「正確掌握故事」（Get the Story, Get it Right）、「說故事」（Tell the Story），以及「推銷故事」（Sell the Story），而最後一個章節，是結論也是精心設計的反思，Kettl 試圖告訴我們，大家或許希望能夠藉大數據知道所有的事，但因爲種種原因，我們前進最務實的底線卻應該是了解大數據的限制在哪裡！Kettl 的苦心也讓我想到康德最有名的那句話：「理性的第一步，就是了解理性的限制何在。」當然，Kettl 教授在前言當中特別點出，在這一切的努力中他最想回答的問題是：「政府官員、政策分析師、與資訊科學專業人員，可否攜手爲民謀福？」

最後的警語：追新者應該更務實！（Be Realistic ！）

最後，Kettl 在這本書中隱藏的科技樂觀論，還是需要做些平衡論述。2017 年史丹福大學教授 Susan Athey 就在科學（Science）期刊上指出，應用大數據的資料技術來解決公共問題是有前提的，包括資料的可得性（沒有資料就沒有大數據）、資源投注的適當性（沒錢也別想玩大數據）、資料分析技術的發展（有資料要能配上妥適的分析方法選擇），以及問題界定的清晰程度（問題還沒釐清，有數據也沒用），政府管理當然可以追新，但是，政府能否紮實地導入大數據分析技術與人力，並能在公共政策的運作上改善公共利益，考驗著公部門組織將創新元素轉換成績效產出之管理能力。因此，單純形式上的跟風與實質上的應付，大數據可能只是政府公關的包裝紙而已，因此，有志用大數據解決公共問題的人士，特別該謹記美國 Duke 大學教授 Dan Ariely 諷刺大數據盲目追新的一段雋語：

大數據像青少年的性行為 Big data is like teenager sex:
每個人都在熱烈地談論它 everyone talks about it,
沒有人知道應該怎麼做 nobody really knows how to do it,
但每個人都以為別人在做 everyone thinks everyone else is doing it,
因此，每個人也都聲稱自己在做 so everyone claims they are doing it…

國立政治大學公共行政學系教授兼台灣電子治理研究中心主任
陳敦源
國立臺北大學公共行政暨政策學系副教授兼民意與選舉研究中心主任
李仲彬
108 年 11 月 14 日

參考書目

Simon, Herbert A. (1973) “Applying Information Technology to Organization Design,” *Public Administration Review.* Vol. 33, No. 3 (May-Jun.), pp. 268-278.

Susan Athey. (2017) “Beyond Prediction: Using Big Data for Policy Problems.” *Science* Vol. 355 Issue 6324, pp. 483-485.

自序

這幾年來，我常在思考一些非常棘手的難題。政策問題愈來愈困難，政策制定者也愈來愈不容易找到解決方案。投入研究的政策專家愈來愈多，也提出數量空前的研究成果，卻日益感慨研究不被重視。同時，美國民眾覺得政府無法妥善解決人民的問題，對政府積怨加深。

實在不樂見這樣無力的局面。政策制定者想取得專家的分析成果；專家也想提供政策制定者需要的成果，但往往需求和供給卻連接不起來。當需求和供給連接不起來，加上許多行爲者對政策有清楚的偏好——或自認爲知道什麼才是最佳方案時——便會逕做決策、實施計畫，而錯失能夠避開錯誤及改善成果的知識。難怪民眾愈來愈不開心。

如今有個新契機，可以改變這種無力的局面，但同時也帶來挑戰。契機就是來自社群媒體、乃至大型電腦等來源多元、未經消化（但往往可以消化）的眾多資訊，即一般所知的**大數據**（**big data**）。如今有了大數據，可以讓我們掌握到社區犯罪統計，也曉得餐廳的評分；可以知道誰染上什麼疾病，也清楚機場安檢動線哪邊不順暢。一旦找出管理這些資訊的方法，就有龐大的潛力去學習新知。

最後，有不少厲害的新工具能夠讓資訊更加生動。谷歌（Google）可以繪製地圖，告訴我們哪一款萬聖節服飾在哪個城鎮最受歡迎；而試算表則可用來分門別類大量資料。即便像是多元迴歸這類傳統統計工具，在大數據時代依舊可以做出許多貢獻。結合不同型態的工具，會迎向更多嶄新的可能。

上述說明點出了本書的核心焦點：政策制定者及分析專家能否一同攜手前行，一起爲公民福祉做出更好的決策，實施更優秀的政策？本書致力於闡述的論點就是：認知更透澈，就能做得更好——而這代表須要改善分析專家與決策者之間的連結、須要改善資訊供給與資訊需求之間的連結，並且這些連結須要讓人耳目一新、令人興奮。

感謝我的學生以及位於數據前線的政府相關人士給予本書撰寫過程中的協助，他們是很厲害的老師，這一點無庸置疑。也感謝賽吉出版公司（SAGE）與旗下國會季刊出版社（CQ Press）給予這項計畫很棒的支援，包含總編輯查莉絲 · 基諾（Charisse Kiino）、副總編輯馬修 · 伯尼（Matthew Byrnie）、組稿編輯凱莉 · 布蘭登（Carrie Brandon）、助理編輯鄧肯 · 馬區班克（Duncan Marchbank），以及執行編輯班妮 · 克拉克 · 艾倫（Bennie Clark Allen）。多虧艾倫自始至終給予我堅定的協助，讓我得以完成計畫。也很榮幸再度有機會和協助潤稿的文稿編輯莎拉 · 達菲（Sarah J. Duffy）合作。

最重要的是，謝謝我的妻子蘇（Sue），這本書的雛型仰賴她不少的直覺，讓我的思路保持正確，更讓我曉得到達目的的最佳方法。對於她多年來的支持，始終感激在心。

唐諾 · 科特

2017 年 2 月

致謝

本書作者及賽吉出版公司（SAGE Publishing）感謝下列審查人的寶貴協助：

雷蒙・阿瓦雷斯（Raymond Alvarez），西維吉尼亞大學

約翰・布雷南（John Brennan），北卡羅來納大學

吉妮—瑪莉・柯爾（Jeanne-Marie Col），約翰杰刑事司法學院

李・費雪勒（Lee Fritschler），喬治梅森大學

荷莉・盧森・吉爾曼（Hollie Russon Gilman），哥倫比亞大學

金明勛（Myung Hun Jin / 音譯），維吉尼亞聯邦大學

卡蘿・內赫米雅斯（Carol Nechemias），賓州州立大學

安・昆利（Ann Quinley），波莫納學院

作者介紹

唐諾・科特（Donald F. Kettl）

現任馬里蘭大學公共政策學院教授，曾任該學院院長。目前亦擔任沃爾克聯盟（Volcker Alliance）、公共服務合作組織（Partnership for Public Service），以及布魯金斯研究所（Brookings Institution）非駐院資深研究員。

科特著（編）有多本著作及專刊，包含《行政過程政治學》（*The Politics of the Administrative Process*）（2017 年第 7 版）、《政府能讓人民信任嗎？》（*Can Government Earn Our Trust?*）（2017）、《別讓政府步上恐龍滅絕的後塵：恢復美國往昔有爲治理之道》（*Escaping Jurassic Government: How to Recover America's Lost Commitment to Competence*）（2016）、《壓力下的政治體系：21 世紀治理挑戰》（*System under Stress: The Challenge to 21st Century Governance*）（2014）、《下一代美國政府：制度失敗緣由及修復之道》（*The Next Government of the United States: Why Our Institutions Fail Us and How to Fix Them*）（2008），以及《全球公共管理革命》（*The Global Public Management Revolution*）（2005）。作者曾以公共行政最佳著作，兩度獲得全美公共行政學院（National Academy of Public Administration）頒贈路易斯布朗洛圖書獎（Louis Brownlow Book Award）。2008 年，獲得美國政治科學協會（American Political Science Association）頒贈約翰高斯獎（John Gaus Award），以肯定其

在政治科學及公共行政領域的卓越研究。2007 年，因公部門人力管理領域的傑出研究貢獻，獲國際公共管理人力資源協會（International Public Management Association for Human Resources）頒贈華納史多克柏格成就獎（Warner W. Stockberger Achievement Award）。

作者爲耶魯大學政治科學博士，任教於馬里蘭大學以前，曾於賓州大學、哥倫比亞大學、維吉尼亞大學、范德堡大學，以及威斯康辛大學麥迪遜分校擔任教職。他是全美大學優等生榮譽學會（Phi Beta Kappa）一員，也是美國國家公共行政學院的成員。

科特擔任過美國及海外各層級政府單位的顧問，經常出席國內及國際媒體節目，包括美國公共廣播電台（National Public Radio）、「早安美國」（*Good Morning America*）、「ABC 今夜世界新聞」（*ABC World News Tonight*）、「NBC 晚間新聞」（*NBC Nightly News*）、「CBS 晚間新聞」（*CBS Evening News*）、「CNN 安德森‧古柏 360 節目」（CNN's *Anderson Cooper 360*），以及「戰情室」（*The Situation Room*）、福斯新聞台、赫芬頓郵報、半島電視台，乃至美國公共電視網（PBS）的「新聞一小時」（*News Hour*）與英國廣播公司（BBC）。他是《治理》（*Governing*）雜誌固定專欄作家，雜誌讀者包含全國各州及地方官員。作者兩度擔任過威斯康辛州政府的藍緞帶委員會（blue-ribbon commission）主席，一次是研究競選活動財務改革，另一次則是研究政府結構與財務。他和妻子蘇都是綠灣包裝工美式足球隊的股東。

目錄 | Contents

第 1 章

更透澈的認知

觀察各種公共政策論戰，大家也許會對兩件事有共識：第一，可以做得更好。從對政府的信賴，乃至對政府施政能力的信心等各方面，幾乎所有人都承認，政府的表現遠不及應有的水準。很少美國人信任政府會做對的事。根據 2015 年皮尤研究中心（Pew Research Center）的民調顯示，僅僅 19% 的受訪者表示相信政府「幾乎永遠」或「多數時刻」會做對的事。但在 1958 年，當民眾被問到同樣問題時，如此回答的卻有 73%，整整高出三倍[1]。

第二，想**做得**更好的方法之一，是先**更懂得**要做些什麼。這是教育的核心。美國出版商威廉 · 費樂（William Feather）將教育定義爲：「分辨所知及所不知的能力，以及懂得如何運用所掌握到的資訊的能力」[2]。爲了追求這個目標，人們投入大量金錢及時間。此道理不僅適用於私人生活，也被運用在社會生活領域。借用詩人瑪雅 · 安傑洛（Maya Angelou）的話：「若我們懂愈多，我們就可做更好。」許多候選人以這個概念當作競選的核心，宣稱他們懂得更透澈、能夠做得更好、能提供給人民更好的服務。這也是唐納 · 川普（Donald Trump）[3]在 2016 年舉行「讓美國再次強大」（Make America Great Again）競選活動的基石。

然而要眞正懂一件事，沒有表面上那麼容易。實驗社會心理學家大衛 · 唐寧（David Dunning）曾（半戲謔、半認眞地）說：「我們都是充滿自信的白痴[4]。」他舉吉米 · 金摩（Jimmy Kimmel）主持的深夜搞笑脫口秀爲例，節目製作團隊會採訪路人對國際事件及名人的看法；有一次，攝影團隊跑去奧斯汀的西南偏南音樂節（South by Southwest），訪問一名在場民眾對某虛構樂團的看法。「請問您覺得『接觸性皮膚炎樂團』（Contact Dermatitis）有奪獎的勝算嗎？」結果受訪的男士說：「肯定有。」節目團隊還曾在好萊塢大道採訪其他民眾，詢問 2014 年上映的電影《哥吉拉》（*Godzilla*）是否未顧及大蜥蜴襲擊東京事件倖存民眾的感受，或是詢問民眾關於比爾 · 柯林頓（Bill Clinton）[5] 終結韓戰的功勞是否獲得足夠肯定。而民眾的回應都是肯定的。

唐寧和他的學生賈斯汀 · 克魯格（Justin Kruger）做過一項研究，發現無能的人無法發覺自己有多無能。既然沒有人能夠無所不知，這種唐寧－克魯格效應（Dunning-Kruger effect）也難免會發生在我們身上。可是一旦出現這個效應，我們的反應會是如何？結論是，不會變得迷失或煩惱，因爲「無能的人常會有一種不恰當的自信，會去倚靠某種感覺起來像是知識的東西支撐自己」。人們總會傾向強化以爲自己知道的事，因爲這樣會比去面對知識上的落差，並努力補足落差容易得多。結果形成「評斷別人的愚蠢容易」，察覺自己的愚蠢難，也難以去辨識出那些影響決策的錯誤資訊[6]。〔值得一提的是，英文白痴（idiot）這個單字來自古希臘文，意思是屬於自己的東西。「白痴」的自我中心特質和認知能否更透澈，有直接的關係，愈是從自己身上找知識，愈有可能導致無能。〕

我們問題的兩個基礎，在前面的情況下已夠麻煩了，加入第三個後將更複雜。談到公共政策時，大家都不覺得政府做得夠好，而是認爲政府可以做得更好，也應該做得更好。而且，大家認爲只要知道更多，就能做得更好，卻以爲自己知道的比實際知道的多，也經常無法發覺哪些是自己所不知，更認爲與自己不同調的人都是白痴。當然，這不是什麼新見地。班傑明 · 富蘭克林（Benjamin Franklin）就曾寫過：「有學問的傻瓜比無知的傻瓜更傻」[7]。又說，「唯有明白自己的無知，方能通向智慧的殿堂」[8]。如果人們不曉得哪些是其所不知，或者不在意知識落差，或者覺得想法不同於我的人根本不懂我所懂的，乾脆忽視他們時，實在很難把事情做得更好，想不變得愚蠢都難。不過，當然沒人會覺得自己愚蠢——因為永遠都是別人的問題。

介於人們所知——人們對何謂所知還得先取得共識——以及人們所須知之間的鴻溝，實在太大。兩位前美國預算管理局的局長，一位是共和黨人（吉姆 · 拿索）（Jim Nussle），另一位是民主黨人（彼得 · 奧薩格）（Peter Orszag），他們曾經聲稱：「根據我們的估計，聯邦政府每支出一百美元，眞正有檢附最基本憑證的，不到一美元」[9]。前總統小布希（George W. Bush）[10]的白宮高級顧問朗 · 哈思金斯（Ron Haskins）及葛雷格 · 馬葛里斯（Greg Margolis），共同在 2015 年出版的書中，呼籲「拿出佐證來」[11]。許多政策人士的觀點認為，讓政府變得更有效能的關鍵就是投注更多資源，以便能了解得更透澈。

大家都在設法避免做沒有成效的事，免得顯得愚蠢；而且大家須要做得更好，讓民主運作更順暢。幾乎所有人都會同意，必須避免去做沒有成效的事，也深知並不容易。如果很容易就做得到的話，老早就辦到了，何況早就花費數十年的時間、投入數十億美元在嘗試做出更好的政策分析。坦白說，人們很少會刻意去做愚蠢的事，何況擺在眼前的是會影響眾多人民的大型、昂貴決策。那麼，要怎麼做，才能更好解決瑪雅 · 安傑洛的那句核心問題，也就是「**認知更透澈以做得更好**」呢？

事實上，釐清我們的認知且決定下一步該怎麼做，這樣的難題已愈來愈大，難題發生的速度也愈來愈快，快到幾乎要跟不上。源源不絕、數量愈來愈多的資訊充斥在你我周遭，即所謂的**大數據**浪潮來臨。人們所做的一切行為都在產生數據——網頁瀏覽器不斷記錄我們一舉一動而產生的大量數據，像是搜尋活動及打算購買哪些商品；校園及辦公大樓的監視錄影器，則在蒐集駕駛及路人的身分及動線；音樂與影片串流服務商，則曉得我們在聽什麼音樂、看什麼影片。政府及私部門單位也都在蒐集人們的各種資訊，像是你我的住家位置、行駛路線、產生多少污染，乃至於我們創造出多少工作機會。如果這個世界上存在著數據嗅探犬，肯定會讓大家知道自己在一天當中的一舉一動留下多麼難以想像、卻扎扎實實的數據痕跡。這些資料產生龐大的大數據後，若能從原始數字和資訊中找出洞見，便可用來改善決策。有時可以利用平均數、中位數、變異數、迴歸等傳統統計工具從資料中找出意義；然而多數時候需要更好的工具，才能引導出更好的洞見。有時候只需要這些龐大資料中的微小片段，就可以提出更好的佐證，來改善和你我生活有關的公共政策品質。這本薄薄的書，目標就是讓你可以從生活周遭無所不在的資料中，找出背後的意義。

不懂（一切）也去做

前面提到的拿索與奧薩格兩人，在試著和佐證這個難題纏鬥時，可以說是對的，但也可以說是錯的。對的地方在於那些基礎的科學性資料，對了解美國公共政策的幫助相對有限；錯的地方是聲稱政府的施政項目中，僅百分之一有「最基本佐證爲憑」。其實，政府所做的，幾乎**每一件事**都有**某種**佐證爲憑，即便錯誤的事也有。問題在於佐證不全然是正確的，決策者也不見得每次都會照著事實做決策，決策方向當然也不會每次都正確。

以伊拉克戰爭爲例，英美兩國領導人在 2003 年主張伊拉克領導人海珊（Saddam Hussein）[12] 正在儲備大規模毀滅性武器，而且準備施用，因此必須向伊拉克開戰。但事實上，根本沒有大規模毀滅性武器。英國約翰 · 奇科爵士（Sir John Chilcot）事後撰寫的詳盡報告指出，主張開戰的分析專家當初所提的佐證，被誇大得「毫無根據」。全國未能理解入侵伊拉克的後果，尤其針對海珊政權垮台後該如何收拾該國殘局。最尖銳的是，奇科指出：「政府未能達成既定目標」，而且「對伊政策的擬定係根據瑕疵情報與評估。該政策本應遭受挑戰，卻未被挑戰」，因此讓兩國的聯盟顯得「難堪」[13]。

伊拉克戰事也好，其他無數案例也好，問題究竟出在哪裡呢？共有三個環環相扣的挑戰：

1. **人們並非無所不知，也永遠無法無所不知**。人類在觀看、理解、處理與決策等方面，即便再怎麼努力專注在重要的事項，能力總有極限，絕對無法通曉一切事物。一部分原因來自人類處理資訊的天生侷限，一部分則是因爲參與大型政策決策時，不見得所有人都願意分享自己所知。海珊本來就擅長打迷糊仗，讓外界對他的眞實能力和決策霧裡看花。英美情報專家很難分辨什麼是眞，什麼是假。直到最後，海珊告訴所有人他沒有儲備大規模毀滅性武器，但英美情報專家根本不相信他。情報專家雖然錯了，但並非故意要犯錯，而是不夠努力，沒有爲他們的判斷設下足夠的檢核機制，也未意識到：說不定這是海珊罕見眞正在說實話的時刻。
2. **人們所知的事情，一部分是錯的**。專家認定伊拉克握有大規模毀滅性武器的情報，一部分來自某個線民形容某個裝置內含多個球形玻璃體。這些球形裝置其實和 1996 年的電影《絕地任務》（*The Rock*）中尼可拉斯 · 凱吉（Nicolas Cage）與史恩 · 康納萊（Sean Connery）兩名演員設法摧毀的化學武器十分相像，片中他們要阻止艾德・哈里斯（Ed Harris）飾演的將軍發射武器攻擊舊金山[14]。奇科報告卻指出，神經毒氣一般不會裝在玻璃球，因爲容易破裂並傷及所有人，包含使用武器的軍人。線民回報的資訊似乎和電影劇情雷同，而電影也似乎讓線民的情報變得更加可信，即便專家深知這不可能是眞的[15]。

3. **不需要佐證也能下決策**。政策分析做得嚴謹的專家都認爲，倘若以往政策制定者多聽取他們的意見，世界會變得更美好（確實會如此）；更說政策制定者應該要持續多聽聽他們的意見（卻經常事與願違）。查爾斯・林德布朗（Charles E. Lindblom）與大衛・科恩（David K. Cohen）解釋指出：政策分析專家「提出社會問題的解方時，所端出的資訊也好，分析也好，數量與獨特性總被過度高估」。兩人指出，更重要的是，整個社會其實能夠——也經常——仰賴「尋常知識」做決策，也就是依據經驗和常識。「人們總是非常依靠尋常知識」解決多數問題。尋常知識唾手可得，遇到任何問題總可以靠它獲得某種解答，而且政策制定者不見得每次都能明白複雜的政策分析究竟有什麼附加價值[16]。

當然，政策制定者總是相信自己清楚哪些作法能眞正幫助選民，畢竟當初是靠這些政見勝選的。因此，毫不意外，這些政策制定者自然會深信自己知道選民要什麼——絕對比從來不用參與競選的分析專家還要懂選民。沒有什麼會比站在上千名歡欣鼓舞的支持者面前、然後奪得比對手更多選票，更能夠讓他們對尋常知識的力量感到深信不疑。於是，很容易就相信自己掌握所有所需的洞見，而且能靠它來完美治理。

供需法則

前面提到的三個挑戰可以帶出一項核心事實，那就是：縱使分析專家提出再多佐證給政府的政策制定者和管理層，不好用就等於是不會用。像拿索和奧薩格那樣主張要供應更多、更強大的佐證是一回事；不過，創造出更多政策制定者所需要的佐證，卻是另一回事。除非證據爲政策制定者所需，且爲其所用，否則再多證據，仍然無法影響政策；政策制定者依舊只會去尋求能幫助解決需要解決、或者想要解決的問題的佐證。

和政府有關的分析多半有一個可以理解的難題：分析家看著政府的表現後，知道政府可以表現得更好——沒有錯；覺得認知更透澈可以讓政府變得更好——也沒有錯；認爲專家能夠將問題研究得更透澈、從中學到更多、提供佐證，用來更強力推動政策——結果卻常令他們感到挫敗。專家提供的解答，不是每次都可讓決策官員接受。事實上，專家給的答案，所回答到的問題不見得都是官員覺得該解答的。有時候專家的分析研究和政策制定者所提的問題，兩者之間連接不起來，因爲專家畢竟費盡苦心鑽研技術，數據在哪，就朝哪兒去；有時候則是挑自己覺得重要，或者自己的研究最派得上用場的議題去關注；有時候則是和政策制定者接觸不夠多，因此不曉得哪些問題才最需要分析；有些時候則是提供的解答沒有用政策制定者容易消化的方式包裝。林林總總原因，導致專注在提供分析的專家們，最後常對當初提出的建言與政策制定者最後採取的行動之間出現落差而感到氣餒。這就是供給面的問題。

再來，還有需求面的問題。有時候政策官員沒有耐性於政策分析工作背後嚴謹、難懂的方法。多元迴歸和變異數分析這類複雜統計方法對政策制定者而言，經常是有聽沒有懂。官員埋怨說，不確定性、顯著性檢定這些概念常會把數據眞正的意義掩蓋掉——令他們在須要辨別黑白決定做或不做時被搞糊塗了。官員會認爲，數據和分析多數都是向後看的途徑所產生，根據的是對過去計畫的分析及手邊現成數據；但是官員要做的，卻需要是向前看的，進行未來的決策。即便不明說，其實官員通常相信自己的直覺更甚於相信分析家提出的研究。總之就是：有時候想解決難題時，分析研究卻幫不上忙。

這就導致分析的供給及需求出現落差：針對最亟需協助的難題，官員得到的佐證，卻經常不是他們要的，或者無法及時收到，或者表現的形式難以利用；而在需求面，使用者往往不覺得證據有所助益。因此經常出現的不幸情況是：專家費時找出證據，官員卻不採用；或是官員浪費太多時間走冤枉路，殊不知可以靠更好的證據避免走偏。只要認知更透澈，就能做得更好，曉得哪條路會是順暢的。然而，認知與行動之間經常出現落差，對所有人都沒好處。

讓證據說話

若想讓政策變得更好，避免落入唐寧形容的愚蠢窘境，則須縮小公共政策在證據方面的供給—需求落差，設法在分析專家提供（或想提供）的佐證，以及政策制定者需要（或能信服）的佐證之間，找到平衡點。據此，可以導出下列五項原則：

原則 1：**用戶想要且用得上的證據，才有用處**。因此，除了須提供決策者想要且需要的佐證外，決策者也須創造讓證據產生有用性的需求。這就是平衡供給與需求的挑戰。

原則 2：**掌握故事很重要，而且必須正確掌握**。不論是依據「黃金標準」所做的政策分析、隨機對照試驗，或是來自街頭的印象，證據往往以各種形式現身。好的證據必須有效、可靠且及時。這就是資料分析的挑戰。

原則 3：**說故事時，要用各種方式傳達證據眞正所言（不偏離分析專家提供的所知證據），且要用清楚的語言傳達（滿足需要該證據的政策制定者所須知）**。這是資料視覺化的挑戰。

原則 4：**推銷故事時，要用各種方式讓證據具有說服力**。分析人士有時假定，錯綜複雜的研究問題抽絲剝繭之後，成果將不言而喻。事實上卻從來不是如此，因爲成果永遠伴隨著不確定性，而且總是會有多方論點爭取決策者的青睞。這是政策說服的挑戰。

原則 5：**讓證據凌駕喧囂**。我們愈來愈活在資訊爆炸的世界，資訊在永不停歇的消息漩渦中打轉。認知的進步，取決於在洶湧的環境中進行審慎分析，有些甚至須花費數年時間；而在洶湧的環境下，社群媒體隨時能使一切改觀，甚至讓分析專家多年來想要探究的現象出現更迭。爲了做得更好，必須先有更透澈的認知；而要有更透澈的認知，則須先克服最後這項挑戰：即時透明化。

以上是當今公共政策領域在認知這一塊面臨的挑戰。後續章節將探討因應這些挑戰的解決策略。現在，讓我們切入第二項挑戰：從諸多政策相關的資料來源抽絲剝繭。

◆ 本章注釋 ◆

【1】Pew Research Center, "Beyond How Americans View Their Government" (November 23, 2015), http://www.people-press.org/2015/11/23/1-trust-ingovernment-1958-2015. 本章部分論點來自我的兩篇文章："Making Data Speak: Lessons for Using Numbers for Solving Public Policy Puzzles," *Governance 29* (2016), 573-579; and *Escaping Jurassic Government: How to Recover America's Lost Commitment to Competence* (Washington, D.C.: Brookings Institution, 2016).

【2】"William Feather," Wikiquote, https://en.wikiquote.org/wiki/ William_Feather.

【3】譯者注：唐納 · 川普（Donald Trump），美國第 45 任總統，2017 年就任。

【4】David Dunning, "We Are All Confident Idiots," *Pacific Standard* (October 27, 2014), https://psmag.com/we-are-allconfident-idiots-56a60eb7febc# .4hnv1jdnh; 另請參閱 David Dunning and Justin Kruger, "Unskilled and Unaware of It: How Difficulties in Recognizing One's Own Incompetence Lead to Inflated Self-Assessments," *Journal of Personality and Social Psychology* 77 (1999), 1121-1134.

【5】譯者注：比爾 · 柯林頓（Bill Clinton），美國第42任總統，在任期間 1993-2001 年。

【6】David Dunning, "We Are All Confident Idiots," *Pacific Standard* (October 27, 2014), https://psmag.com/we-are-allconfident-idiots-56a60eb7febc# .4hnv1jdnh; 另請參閱 David Dunning and Justin Kruger, "Unskilled and Unaware of It: How Difficulties in Recognizing One's Own Incompetence Lead to Inflated Self-Assessments," *Journal of Personality and Social Psychology* 77 (1999), 1121-1134.

【7】"A Learned Blockhead Is a Greater Blockhead than an Ignorant One," Founders' Quotes, http://foundersquotes .com/founding-fathers- quote/a-learned-blockhead-is- a-greater-blockhead-than-anignorant-one.

【8】"Benjamin Franklin Quotes," Brainy Quote, http://www.brainy quote.com/quotes/ quotes/b/ benjaminfr163094.html.

【9】Jim Nussle and Peter Orszag, "Let's Play Moneyball," in *Moneyball for Government*, ed. Jim Nussle and Peter Orszag (Washington, D.C.: Disruption Books, 2014), 4.

【10】譯者注：小布希（George W. Bush），美國第 43 任總統，在任期間 2001-2009 年。

【11】Ron Haskins and Greg Margolis, *Show Me the Evidence: Obama's Fight for Rigor and Results in Social Policy* (Washington, D.C.: Brookings Institution, 2015).

【12】譯者注：海珊（Saddam Hussein），伊拉克總統，任期 1979-2003 年。

【13】"Statement by Sir John Chilcot: 6 July 2016," in *The Iraq Inquiry*, pp. 2, 6, 11, http:// www.iraqin quiry.org.uk/media/247010/ 2016-09-06-sir-john-chilcotspublic-statement. pdf.

【14】Kim Sengupta, "Chilcot Report: MI6 May Have Got Crucial Intelligence on Iraq WMDs from a Nicolas Cage Film," *Independent* (July 7, 2016), http://www .independent.co.uk/ news/uk/ politics/chilcot-report-iraq-warinquiry-wmds-mi6-evidencetony-blair-richard-dearlove- a7124426.html.

〔15〕*The Iraq Inquiry*, Section 4.3, p. 313, http://www.iraqinquiry.org.uk/ media/246496/the-report-of-theiraq-inquiry_section-43 .pdf#search=movie.

〔16〕Charles E. Lindblom and David K. Cohen, *Usable Knowledge: Social Science and Social Problem Solving* (New Haven: Yale University Press, 1979), 12

第2章

正確掌握故事

凡事若想做得更好，得先有更透澈的認知；而要有更透澈的認知，則要認清哪些難題得率先解決。

該問的問題有哪些？

政策制定者面臨永無止盡的決策，資訊更是源源不絕湧入。簡單的政府計畫屈指可數，主政者若是希望解決重要問題，就必須要有好走的大道，而非羊腸小徑。要在這個世界中找到正確航向，特別地困難，想做得更好，就得靠對的問題與對的解答。以下五個基本問題，政策制定者必須要有好答案才行[1]：

1. 後見之明（**hindsight**）。過去發生的事，可以給未來哪些啓示？
2. 先見之明（**foresight**）。如何下決策才能帶來最好的成果？
3. 成果（**results**）。已經達成什麼，而且怎樣才能做得更好？
4. 風險（**risk**）。我們想從事的事情，面臨哪些可能導致無法如願以償的挑戰？
5. 韌性（**resilience**）。萬一壞事（難免）發生，怎樣才能重振旗鼓？

讓我們逐一檢視這五個問題，並檢視哪些類型的佐證可以用來回答這些問題，讓我們獲得更透澈的認知。

後見之明

若想了解什麼是目前問題的最佳解答，最好的方式之一，就是從過去的經驗學習。過去公共計畫的佐證形同強力線索，可以讓我們知道什麼是最好的前瞻性決策。

所仰賴的工具，就是**計畫評估**（**program evaluation**）[2]，能系統性檢視公共計畫過去的運作方式、產生的結果，以及成果符合政策制定者預期目標的程度。例如在加州里亞托，警察部門給執法人員配置攝影裝置後，帶來的成果是：執法人員遭投訴的案件數量在十二個月內下降 88%，執法人員動用武力的次數也減少 60%。於是警察首長將成果歸因於攝影裝置[3]。

前述佐證確實看起來很有力。但是警察部門如何確定是因爲使用攝影裝置，才促使數字下降呢？畢竟所有執法人員都有配戴攝影裝置，按照分析專家的嚴謹觀點，如果沒有額外加入一個控制組，讓該組的執法人員執行相同任務、但不配戴攝影裝置的話，很難準確分辨出眞正的原因。

這也是爲什麼研究人員會將**隨機對照試驗**（**randomized controlled trials, RCTs**）視爲證據的黃金標準。在這類研究中，專家會採取醫學研究人員採取的途徑，去隨機分派計畫參與者到兩個組別，藉此評估計畫的成果：其中一組會實施計畫內容（例如職業訓練計畫或是緩刑計畫），而另一組則保持與前一組愈相同的條件愈好，但不會實施計畫內容。接著，分析專家再來檢視結果，判定究竟實施計畫內容者（實驗組）的表現結果較好，還是未實施計畫內容者（對照組）的表現結果較好。由於是隨機分派，因此能夠控制住因爲特定人參與計畫而可能造成結果出現差異的顧慮。舉例來說，如果讓教育背景最好的獲釋者自願參與新的緩刑計畫，他們便可能較不容易再度犯法坐牢，因爲教育背景可以讓他們找到好一點的工作。

不過要隨機分派不同的人到政策計畫，確實經常不容易辦到。像是針對同一社區住戶實施不同措施，可能並不容易（例如：實驗不同收集垃圾的策略）；或者爲了創造控制組，而排除特定人得以接受措施，也可能有困難（例如爆發危險疫情時，專家找到救命的疫苗）。隨機對照試驗可能所費不貲，看到結果也要等上一段時間，而且政策制定者往往急著推行自己深信的方案計畫。設想一下，政策制定者公開對外宣示：「我有個很棒的計畫點子，計畫會花一大筆錢，肯定能夠成功。但是你們當中有一半的人享受不到，因為你們屬於控制組。」雖然這種挑戰並非沒有解決的策略，但是想要開發極佳的研究工具，在現實政治中往往困難重重。

但最難讓後見之明保持銳利的原因很簡單：政策制定者經常被一些點子吸引，而且一旦全心投入到這些點子，就不願意輕易放棄。最著名的例子是1970年代為了降低青少年犯罪率而創造的「恐嚇從善」計畫（Scared Straight program）。這個計畫會將少年刑事犯送進成人監獄待上一天，讓他們接受囚犯、監獄管理員及諮商師的「震撼教育」，體驗一日獄中伙食、囚犯尖叫、暴力威脅等等。該計畫想對孩子們表達的是：「如果再不回頭，未來的人生可能就會變成如此。」數十年來，政策制定者很喜歡這個計畫——該題材也深受電視節目喜愛。先是1978年推出的紀錄片獲得奧斯卡獎，接著更被其他人拍成續集，像是2011年起在A&E電視台開播的長期電視節目「少年監獄之旅」（*Beyond Scared Straight*），成為電視台的收視冠軍，並由Spike電視台重播。節目引人入勝，政策制定者簡直完全著迷，認為孩子透過這個計畫見到監獄的真相，難道還會不想改過自新，以免未來陷入類似遭遇嗎？

經過詳細的研究，專家結論認為「恐嚇從善」計畫確實產生很大的影響力：參與計畫後的少年犯罪反而**增加**。根據刑事司法計畫辦公室助理處長勞莉・羅賓森（Laurie O. Robinson）及少年司法與犯罪防範辦公室代理處長傑夫・斯洛威考斯基（Jeff Slowikowski）在

2011 年的說法，「恐嚇從善不只沒有效，反而可能有害」[4]。爲何如此肯定？因爲安東尼・佩綽西諾（Anthony Petrosino）、卡洛琳・特平・佩綽西諾（Carolyn Turpin Petrosino）及約翰・布勒（John Buehler）等人，曾經率領研究團隊探討該計畫實施隨機對照試驗的結果，結論認爲：「簡而言之，參與計畫與**犯罪增加有所關聯**。」[5] 眾多調查研究中，有些佐證的力道不強，不過也有研究確實得出有力結論。不論如何，整體圖像很明確：「恐嚇從善」是個有效果的計畫——只不過效果是增加犯罪（見表 2.1）。

即便結果攤在眼前，政策制定者或憂慮忡忡的家長們並不因此縮手。某位喬治亞州的家長就表示說：「身爲家長，我已經盡力了」，不得已最後才將孩子帶到當地警局，要求給孩子「恐嚇從善」。電視節目也仍然不斷勸家長們參與這個計畫——尤其針對束手無策的家長，表示這項計畫也許會是孩子向善的契機。約翰杰刑事司法學院刑事專家傑夫利・巴茲（Jeffrey Butts）說：「美國人基本上很吃這一套：覺得對人嚴厲、懲罰人、強制人——強迫他們按照我們想要的方式去表現，應該就有效。」喬治亞州里奇蒙郡警局一名資深官員則說：「常有家長帶孩子過來，要求的都大同小異：『小孩怎麼講就是不聽話，只好交給你們去嚇嚇他們。』」即使證據指出被抓去恐嚇從善的孩子反而會增加犯罪，警方仍然依樣畫葫蘆去嚇孩子[6]。這就說明了，即使有更透徹的認知，也不見得永遠代表會做得更好，何況認知還是依據政策研究的黃金標準所得出。

表 2.1 「恐嚇從善」措施有效性之佐證

計畫名稱	參與人數	結果	補充說明
密西根州計畫（Michigan Program）（1967 年）	60	參與實驗者再犯率為 43%；對照組再犯率為 17%。	報告簡短，缺乏細節。
伊利諾伊州計畫（Illinois Program）（1979 年）	161	17% 參與實驗者再次被警察找上門；對照組則為 12%。	數據不具統計顯著性，惟呈現負面結果。
密西根州少年犯從善計畫（Michigan JOLT Program）（1979 年）	227	實驗組與對照組差異不大。	
維吉尼亞州訪監計畫（Virginia Insiders Program）（1981 年）	80	實驗後六個月：實驗組 41% 的人再度上法庭，對照組則是 39%。結果不具統計顯著性。	兩組差異不大，惟計畫退出率甚高，於實驗第 12 個月達到 55%。
德州面對面計畫（Texas Face-to-Face Program）（1981 年）	160	六個月後： 比起訪監及（或）接受諮商的三個實驗組，對照組的表現都更好。 少年犯罪率： · 對照組：28% · 訪監及接受諮商者：39% · 僅訪監者：36% · 僅接受諮商者：39%	結果皆不具統計顯著性。
紐澤西州「恐嚇從善」計畫（New Jersey “Scared Straight” Program）（1982 年）	82	六個月後：對照組再犯率為 11%，實驗組為 41%。	二者差異具統計顯著性。
加州聖昆汀訪監計畫（California SQUIRES Program）（1983 年）	108	十二個月後：對照組 67% 的人二度被捕，實驗計畫組則是 81%。	相較於對照組，實驗組對象稍微較慢二度被捕：實驗組為 4.1 個月，對照組為 3.3 個月。

計畫名稱	參與人數	結果	補充說明
堪薩斯州少年教育計畫（Kansas Juvenile Education Program）（1986 年）	52	無差異	
密西西比州關注計畫（Mississippi Project Aware）（1992 年）	176	第 12 個月及第 24 個月時，實驗組與對照組結果皆未見太大差異。	

資料來源：編自安東尼・佩緯西諾（Anthony Petrosino）、卡洛琳・特平・佩緯西諾（Carolyn Turpin Petrosino）與約翰・布勒（John Buehler）合著之《恐嚇從善及其他防範少年犯罪之少年關注計畫》（*Scared Straight and Other Juvenile Awareness Programs for Preventing Juvenile Delinquency*）（挪威奧斯陸：Campbell Systematic Reviews，2004）擷取網址：https://www.campbellcollaboration.org/media/k2/attachments/Scared_Straight_R.pdf.

先見之明

分析專家也會試著藉由預測未來，來協助政策制定者，而預測未來的方式就是依據過去資料建立複雜模型。經濟政策領域最重視運用這種方法。經濟成長本身固然重要，但另一重要性在於會強力影響政府支出。經濟成長幅度若低，往往會推升政府支出（因爲更多公民獲得政府的福利支出）、減少政府收入（因爲課稅所得及可支配所得雙雙減少）。因此，在對預算進行預測時——尤其是聯邦的赤字規模——非常仰賴預測者的先見之明。

但這些預測又有多準確呢？負責處理聯邦預算的政府單位主要有兩個，一個是總統底下的預算管理局（Office of Management and Budget, OMB），另一個是國會底下的國會預算局（Congressional Budget Office, CBO）。二者都是世界上數一數二厲害的經濟預測單位，能力無庸置疑——但不代表每次預測都準確。當然，這樣看問題不太對，畢竟沒有人能夠每次都正確擺平複雜議題。只不過我們該問三個最重要的問題：一、預測專家是否多數時候給的預測多半正確無誤？二、是不是有些預測專家的預測比別人厲害？三、假使預測錯誤，有影響嗎？

前兩個問題可以一併回答。預算管理局及國會預算局每次預測幾乎都落在與實際經濟成長差距近兩個百分點以內，而且多數時候的預測落在一個百分點範圍內。以美國如此龐大的複雜經濟體，同時承受全球各方力道來看，這樣的預測能力已經很頂尖。此外，從圖 2.1 可以看出，基本上各個單位的能力都差不多一樣好，也就是說公部門的

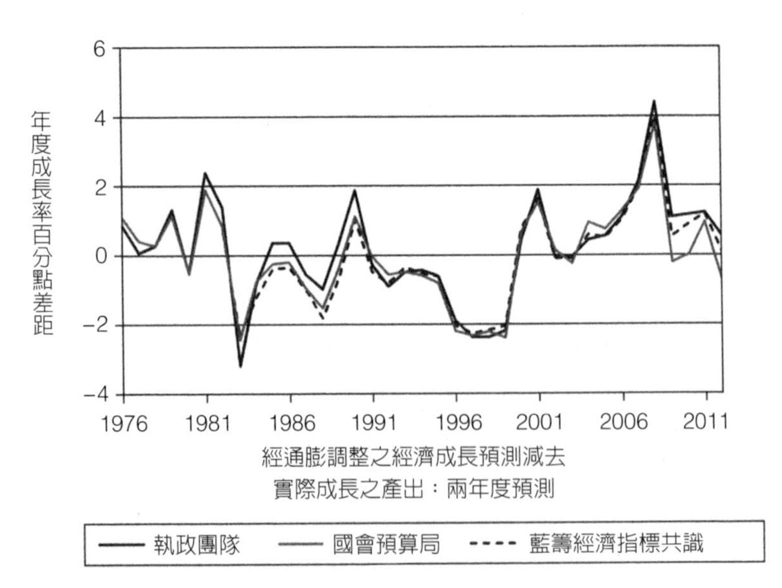

圖 2.1　經濟成長預測減去實際成長之預測準確性

來源：「經通膨調整之產出成長：兩年度預測」國會預算局著，《國會預算局經濟預測紀錄：2015 年更新版（2015 年 2 月 12 日），擷取自：https://www.cbo.gov/publication/49891。

預測，和民間頂尖的預測專家差不多同樣優秀。如果預測有所偏離，也都是朝同個方向偏離約略相同的差距。

至於預測錯誤，會造成什麼影響？多數時候影響不大——而且隨著時間拉長，錯誤的影響會攤平。但從圖可以看出，歐巴馬總統（Barack Obama）[7] 就任之初，所有預測專家的經濟預測——不論是政府或民間——都偏離實際數據甚遠。所有人原本都預測 2008 年經濟衰退不會像後來實際那樣嚴重，而基於這些預測進行政策規劃的歐巴馬，便因爲預測專家的錯誤預測，而產生錯誤的規劃。

這對歐巴馬行政團隊在執政前幾年造成重大影響。本來在 2009 年 1 月宣誓就任之初，總統的策略很明確 [8]。既然經濟如同自由落體般下墜，那麼就早一點承擔責難，等到經濟恢復後再明快推出新政策。執政團隊深信經濟衰退情形雖然很糟，但不至於拖太長。原先計畫是先透過刺激性方案快速撒錢，再快速回歸到行政團隊的議題主軸，特別是醫療照護的計畫。作法看起來沒什麼不對，而且還會有助於重新拉抬歐巴馬 2012 年連任之路的聲勢。當時總統身邊的顧問也都深信經濟預測數據支持這樣的作法。確實，預測專家說對一半：經濟衰退很糟。但是復甦之路痛苦又漫長，以致於出現專家所謂的「缺乏工作機會的復甦」。即便到歐巴馬第二任期上任後，這個問題仍然持續糾纏著他。

然而，不光是總統底下的經濟專家預測出錯，是幾乎所有人都未料到當時的復甦會缺乏工作機會。2009 年初，預算管理局預測當年度失業率爲 8.1%；超脫黨派的國會預算局提供的預測數據稍高，爲 8.3%。民間經濟專家的預測也沒有好到哪裡去：《華爾街日報》調查 55 位最頂尖預測專家的意見，預測結果甚至更爲悲觀——認爲失業率應該是 8.5%。結果事實上當年失業率是 9.9%。此外，長期預測數據也失準。2009 年初，預算管理局估計到 2012 年爲止，失業率應會降到 5.6%；國會預算局的估算較爲悲觀，認爲只會降到 6.8%。即便如此，兩者的預測都偏離實際的 7.9% 失業率很多（見圖 2.2）。

爲何預測會偏離結果？我們可以從國會預算局的自我檢討報告略知一二[9]。預測錯誤的原因，有四分之一歸咎於經濟衰退超乎原先預期——但有三分之二則應歸咎於「趨勢再評量」：也就是國會預算局及多數預測單位沒有發現到在後復甦時期，已經出現「新的常態」局面，也就是經濟成長相對緩慢，但工作機會的創造更慢。起碼就中期而言，整個世界已經變了，但大部分預測專家並未預料到。

當時電腦也沒有告訴預測專家世界已變。甚至早在歐巴馬就任前，預測錯誤即已不利於後續執政。如果經濟發展符合當時的預測，

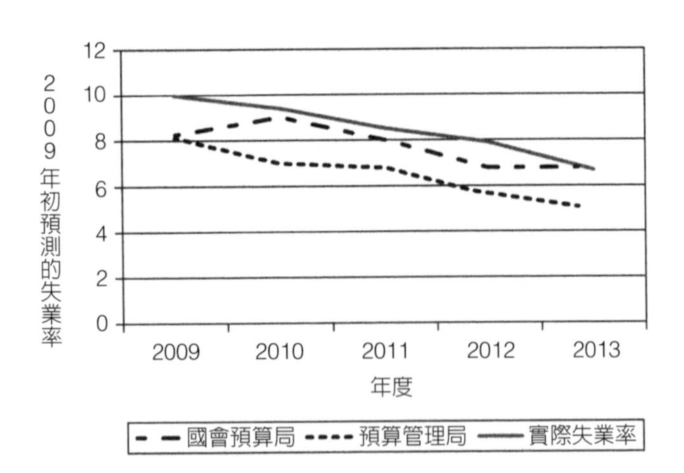

圖 2.2　預算管理局與國會預算局提出的失業率預測

來源：管理預算局著，《美國政府預算：各種分析角度—2010 財政年度》（2009）；國會預算局著，《預算與經濟展望：2009-2019》（2009 年 2 月）；勞動統計局著，《最新人口調查提供的勞動統計》（華盛頓特區：美國勞動部）。

說明：上圖爲 2009 年春季時所做的未來五年每年同期失業率預測，對照實際失業率。

歐巴馬理應能以小羅斯福總統（Franklin D. Roosevelt）[10]第二之姿競選2012年總統連任，效仿小羅斯福當年扭轉極為險惡的經濟大蕭條。而2014年參選國會議員的民主黨人[11]，也不須面對愁眉苦臉的選民。歐巴馬也應該能夠擁有更多空間提出諸多政策計畫，而不須一直被「缺乏工作機會的復甦」纏住政治生命。曾經有一段時間，歐巴馬被外界視為失去政治魅力。眾多因素組合起來，最終讓共和黨人在2014年席捲國會席次，奠定2016年總統選舉「為中產階級長期奮戰」的選戰基調。如果不是當年經濟預測失準，希拉蕊・柯林頓（Hillary Clinton）[12]也不須面對那麼多不悅的選民，給對手川普有操作的空間。這些結果全都是2008年底多數民間與公部門經濟專家預測失準所致。

人們總是努力取得先見之明，想知道未來會發生什麼事。多數時候成效不錯，但有時候模型結果會和實際情形出現落差，這時影響就可能很大，也很劇烈。

成果

政策制定者要的不只是回顧過去或預測未來，還必須隨時能夠掌握正在實施的計畫，包括掌握逐漸浮現的趨勢、偵測到逐漸滲入體系的問題、找到優化的契機，以及強化政府計畫之執行。這些都屬於**績效管理（performance management）**的範疇，也就是藉由精密措施盡可能即時監督計畫的運作，並將從中獲得的資訊用於改善整體運作[13]。

例如，從路易維爾到芝加哥，許多城市都將餐廳查驗資料公開在網路上，讓消費者清楚前往的餐廳是否安全。《紐約時報》網站製作過一份地圖，顯示出各個餐廳最近一次的查驗等級，而且等級結果必須張貼在餐廳窗戶上，讓用餐民眾在進去之前，就曉得這家餐廳的衛生安全狀況。例如，我們可以搜尋紐約曼哈頓中央地區範圍，按照地圖的 A-B-C 圖例找出等級爲 C 的所有餐廳（A 爲最高等級；見圖 2.3）。這些佐證除了可以幫助消費者外，更能協助市政府的食品檢查工作。此外，聯邦的疾病管制與預防中心（Centers for Disease Control and Prevention）擁有一項脈動網（PulseNet）系統，能夠讓該中心追蹤食物引發的疫情發展，在問題甫發生時及早獲得警示，以利迅速回應[14]。

1994 年的冬天某夜，經驗老到的紐約大眾運輸警察傑克・梅波（Jack Maple）坐在一家紐約的時髦餐廳裡，在餐巾紙上擬定顛覆性的城市打擊犯罪措施，認爲可以靠四項原則策略改善績效：

1. 準確與及時的情報。
2. 快速採取行動。
3. 有效策略。
4. 鍥而不捨的追蹤與評量。

他的計畫後來稱爲 CompStat，本質上是從數據資料出發。「準確與及時的情報」原則讓紐約市警察局改變過去作法，開始將一系列犯罪案件整理出來，即時標示到地圖上，不再等到犯罪發生幾個月後才整理成書面報告。這套情報系統從用人工在地圖上標示圖釘的作法，改爲由電腦自行標示。2016 年，更進一步引進新一代的通報辦法，讓紐約市警察局能夠逐街廓偵查犯罪，並回報最新犯罪率至市政府網站，讓政策規劃人員以及所有市民都能看到數據資訊（見圖 2.4）。CompStat 即時繪製當下所發生的事件到地圖上，在公共計

圖 2.3　C 等級的紐約市餐廳

來源：哲米・懷特（Jeremy White）著，「紐約市衛生部公布之餐廳評量地圖」，《紐約時報》（網頁截圖擷取於 2016 年 8 月 5 日），擷取網址：http://www.nytimes.com/interactive/dining/new-york-health-department-restaurant-ratings-map.html?_r=0。

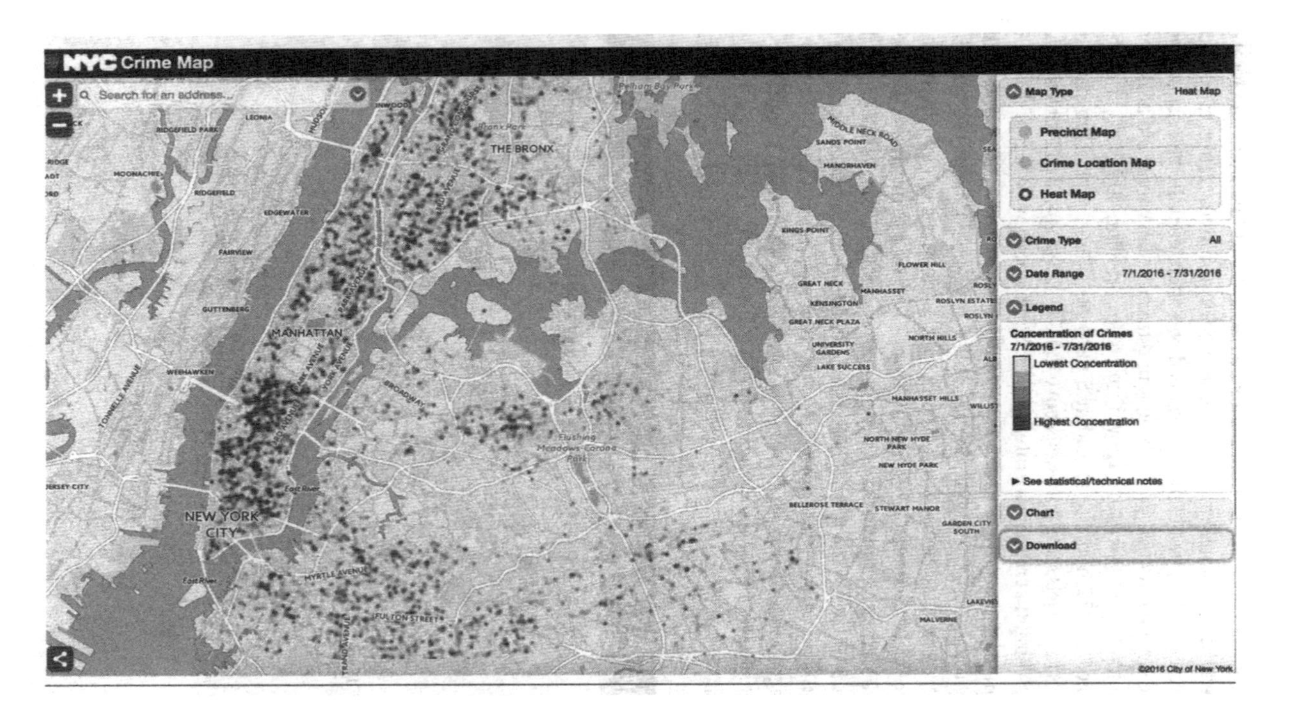

圖 2.4　紐約市犯罪地圖

來源：紐約市警察局。地圖顯示之資料爲 2016 年 7 月份。圖中顏色愈深者，表示該區犯罪率愈高。見網頁 http://maps.nyc.gov/crime。

畫執行的改善上引發革命，背後就是基於這樣的認知：政策再好，如果成果沒有變得更好，也沒有意義——而要產生更好的成果，就得靠懂得更多，並且懂得更快。

成果畢竟才是重點，關鍵在於要有能力去追蹤成果——而且是即時追蹤、清楚明白。

風險

2016 年 8 月，密西根州政府主管飲用水的環境品質部（Michigan Department of Environmental Quality, MDEQ）前官員蓮安 · 薛克特 · 史密斯，遭以「怠職」爲由移送法辦。事情緣起爲 2014 年 4 月至 2015 年 10 月之間，弗林特市收到大量關於自來水的申訴。2016 年 2 月，州政府以表現不佳爲由，將史密斯革職。州長里奇 · 史奈德發表聲明時並未指名道姓，僅表示「環境品質部某些行爲欠缺常識，導致弗林特出現可怕的悲劇。」六個月後，調查人員在法庭上指陳，史密斯「刻意誤導環境品質部的長官及大眾，並刻意隱瞞自來水嚴重影響健康的事實」[15]。

2014 年 4 月，弗林特市的自來水水源，從原本來自底特律的用水與下水道管理局，改爲來自弗林特河。不久，部分居民開始抱怨飲用水有怪味。州政府及地方官員起先堅稱飲用水安全無虞，直到調查人員花費數月時間，才最終確認飲用水含有高濃度的鉛，而且已進入部分當地孩子的血液裡。鉛元素會導致孩童出現行爲與健康問題，而且無藥可醫。協助揭發此事的維吉尼亞理工學院科學家調查發現，從弗林特市 272 個家戶採集的自來水樣本中，40.1% 的家戶鉛濃度達到 5 ppb（十億分之五）；更有 10% 的家戶鉛濃度達到 25 ppb，遠超出美國國家環保局規定的 15 ppb 濃度上限，須要當局介入。有些家戶的濃度甚至超出 100ppb —— 有一家的濃度更達到天文數字：超出 1000 ppb[16]。

整體測出的平均鉛濃度是 10.6 ppb，但每八個家戶就有一家的鉛濃度超出美國國家環保局規定的 15 ppb 標準。圖 2.5 用五分位的方式說明研究對象的家戶鉛濃度（五分位以 20% 爲級距，最小分位爲前 20% 的家戶樣本，最大分位爲末 20% 的家戶樣本）。最大分位的家戶平均鉛濃度高達 38.4 ppb，高出國家環保局規定的標準兩倍。簡直是超級公共衛生危機。

這麼多孩子暴露在高濃度的鉛之下，非常不幸地，意味著要和鉛後遺症共處餘生。但其實這樁悲劇並非事先無法預料，因爲含鉛飲用

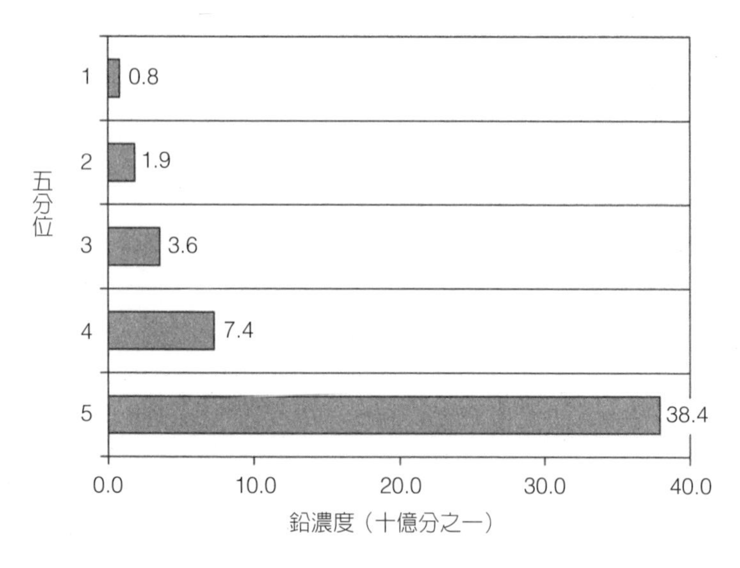

圖 2.5　弗林特市自來水含鉛量

來源：「〔完整資料〕密西根州弗林特市自來水含鉛量檢測結果」，《弗林特市自來水研究》（2015 年 12 月 1 日），擷取自：http://flintwaterstudy.org/2015/12/complete-dataset-lead-results-in-tap-waterfor-271-flint-samples。

水早就是衆人皆知的課題。美國國家環保局在 1991 年即已訂出飲用水含鉛及含銅的容許值。一旦超過 10% 的水龍頭流出鉛含量超過 15 ppb 的自來水時，自來水供應商就必須依照聯邦法規採取因應措施。而在弗林特市，有 16% 的水龍頭的自來水出現這個現象。因此專家總結認為，如果當初社區採用新系統的鏽蝕控制設施，便完全能夠避免這次問題。密西根大學工程系教授葛倫 · 戴格（Glenn Daigger）就說，「絕對應該提供這類鏽蝕控制設施[17]。」

最後產生的是一個很大的問題。孩童的飲用水含鉛，而隨著相關佐證逐一浮現時，州政府官員卻轉移焦點。眼看檢驗結果顯示出高濃度的鉛，科學家極力呼籲採取行動。如果事先有安裝防鏽系統，問題就能避免了。相關領域的專家早就知道飲用水含鉛的風險，也清楚防鏽系統可以有效降低風險，但州政府及地方官員的決策卻是不安裝。

簡而言之，整個問題就在於風險管理失敗：所謂風險管理，就是專家事先評估決策的一套過程，用來判斷決策可能產生什麼後果。雖然有些時候風險只有在眞的出現後才會變得明確[18]，但多半時候是能夠事先預料得到的，而且能夠避開風險——起碼能夠減少發生問題時所須耗費的成本支出。對此，專家建議遵行六個步驟：

1. **獲得領袖們的支持**，因為如果高層官員不承諾去深入探討問題並防患於未然，一切都是空談。
2. **辨別風險**，尤其要建立起組織願意去找出風險所在的文化，而不是深怕批評就寧可逃避潛在的問題。
3. **評估風險**，尤其是去了解風險產生的原因，以及了解組織對抗風險之所需——包含預算、資訊科技、專業知識，以及其他資源。
4. **發展行動方案**，針對不同的風險，擬定符合組織任務與文化的因應措施。

5. **監控風險**，確保所有事件的發生都在組織與領袖的意料範圍內，並且讓組織與領袖能夠趁風險還小、還管理得了的時候，就能發覺問題所在，防範於未然。
6. **溝通風險**，讓民選官員及全體公民對風險有所認知，使整個運作更爲透明，進而增進組織解決問題的信心[19]。

弗林特市的官員並未事先澈底辨識風險。當自來水含鉛的佐證開始浮現時，官員先是忽視，接著猶豫該不該相信。一直要到調查人員從外部介入提出證據後，才開始向民眾傳達風險並且動起來，卻爲時已晚：此時鉛早已進入孩子體內，無法代謝。相較之下，美國運輸安全管理局則有一套積極的風險管理系統，專注於辨別各式各樣會影響乘客搭乘客機的安全風險，進而強化該局保護乘客的能力。美國國家標準技術局甚至會調查局內高層官員的風險承受意願，以判斷整個組織願意冒風險的程度——如果高層的風險承受意願低，意味著組織在面對艱難且複雜的科技議題時，比較難以快速創新以維持領先地位。用心事先辨識風險，並且協助組織處理風險，讓組織在日新月異的世界中保持領先地位，就能讓政府機關改善績效，也能避免犯了像弗林特市自來水系統癱瘓這樣的錯。

韌性

認知的一項重點是學會並試著在出錯後重振旗鼓，畢竟出錯總是難免。2005 年卡崔娜颶風襲擊美國時，相關應變搖擺不定，並非各層級政府刻意如此；同理，歐巴馬總統執政團隊制定的旗艦醫療計畫「平價醫療法」，2013 年甫推出即一敗塗地，絕非團隊所樂見[20]。

但聰明的政策制定者十分清楚，就算盡力回答前四個問題，找到答案，很可能還是必須面對第五個問題，那就是：出錯的時候，怎麼辦？[21]

沒有人願意去設想事情會失敗，何況是為失敗預做準備。事實上，美國國家航空暨太空總署（NASA）的長途飛行總監吉恩 ‧ 克朗茲（Gene Kranz）甚至寫過一本書，書名就叫做《失敗不是選項》[22]。電影《阿波羅 13 號》捧紅克朗茲和這句口號，太空總署在片中竭其所能，要將困在嚴重受損飛行器裡的太空人帶回地球。然而聰明的政策制定者曉得，世界上沒有一個計畫完全能夠如我們所願，達到原先規劃的目標；失敗經常不只會是個選項，有時候甚至是唯一結果。背後的原因，一部分是因為野心很大（有時候太大）—— 這在公共計畫尤其常見；另一部分則是因為前面談到的問題永遠無法得到完整答案：先見之明永遠不可能完美，後見之明總是事後諸葛、無濟於事。至於產生什麼成果，或者正在冒什麼樣的風險，也很難斷定。一旦前四個問題給不出好的答案時，政策制定者就必須投靠**韌性**。按照茱蒂絲 ‧ 羅丹（Judith Rodin）在《韌性紅利：在出現差錯的世界中堅毅不拔》（*The Resilience Dividend: Being Strong in a World Where Things Go Wrong*）一書的說法，「所謂韌性是任何實體 —— 個人也好，社區也好，組織也好，或者自然體系也好 —— 為突發變故預做準備，從衝擊與壓力中恢復原狀，並從突發變故的經驗中學會適應及成長。」當實體的韌性愈強，愈能夠在發生差錯時重振旗鼓。她稱之為「韌性紅利」（resilience dividend）[23]。

韌性其實是很難著墨的挑戰。重大問題經帶來重大風險，一旦失敗，總會引發更大的口水戰（像是「你怎麼能容許它發生？」以及「為什麼你不夠聰明到能預料會有這種後果？」）如果沒有迫切的危機事件即將發生，事先花大筆公帑會讓人感覺是種浪費——大筆公帑像是 2005 年卡崔娜颶風造成大淹水後，斥資強化紐奧良市的堤防。對於目光僅止於下一次選舉的政客，要求他們目光放長遠，並且取得他們的政治支持去解決小問題，莫等到問題變大才來解決，都不容易。（這就是經濟學者在談貼現概念的延伸：對公民而言，當下的利益比起未來利益更有價值。）不過，有件事是確鑿無誤的：事先花小錢避免或減緩問題的發生，幾乎總是會比起等到問題爆發後再來收拾來得節省成本。例如，全球韌性合作組織（Global Resilience Partnership）就曾指出，光是水災，就占了所有天氣相關災害的 47%[24]。儘管不可能完全防範水災發生，但是謹慎規劃水壩、排水系統，以及堤防等設施計畫，大可幫助減輕強烈颶風來襲時的損害程度。

舉例來說，在 2004 年，也就是卡崔娜颶風肆虐紐奧良市的前一年，聯邦緊急事務管理署模擬過一次強烈颶風襲擊該區的情形，代號命名為「潘姆颶風」。當時模擬演練預測指出，一旦出現強烈颶風，海水會灌過堤防，給紐奧良市帶來大面積澇患[25]。2005 年卡崔娜颶風帶來慘烈災害後，聯邦緊急事務管理署嚴謹調查該市未來出現類似颶風時澇患風險最大的地區，並在 2016 年公布新地圖，將颶風來襲時可能出現水災的鄰里標示出來——被標示的鄰里的屋主就須要購買水災險（見圖 2.6）。但是這次新調查也帶給部分紐奧良居民不小的疑慮，因為許多鄰里原本位於疏洪區，如今卻被聯邦緊急事務管理署劃入非疏洪區。卡崔娜颶風過後設立的澇患控制系統帶給居民更大的保障，聯邦緊急事務管理署在繪製地圖時也將該控制系統納入考量。紐奧良確實樂見聯邦緊急事務管理署的作法，畢竟過去不斷努力要購屋族回流，許多房地產開發業者也很努力遊說，要求縮減疏洪區範圍。然而專家提出警告，表示疏洪區範圍縮減不代表該區的屋主可

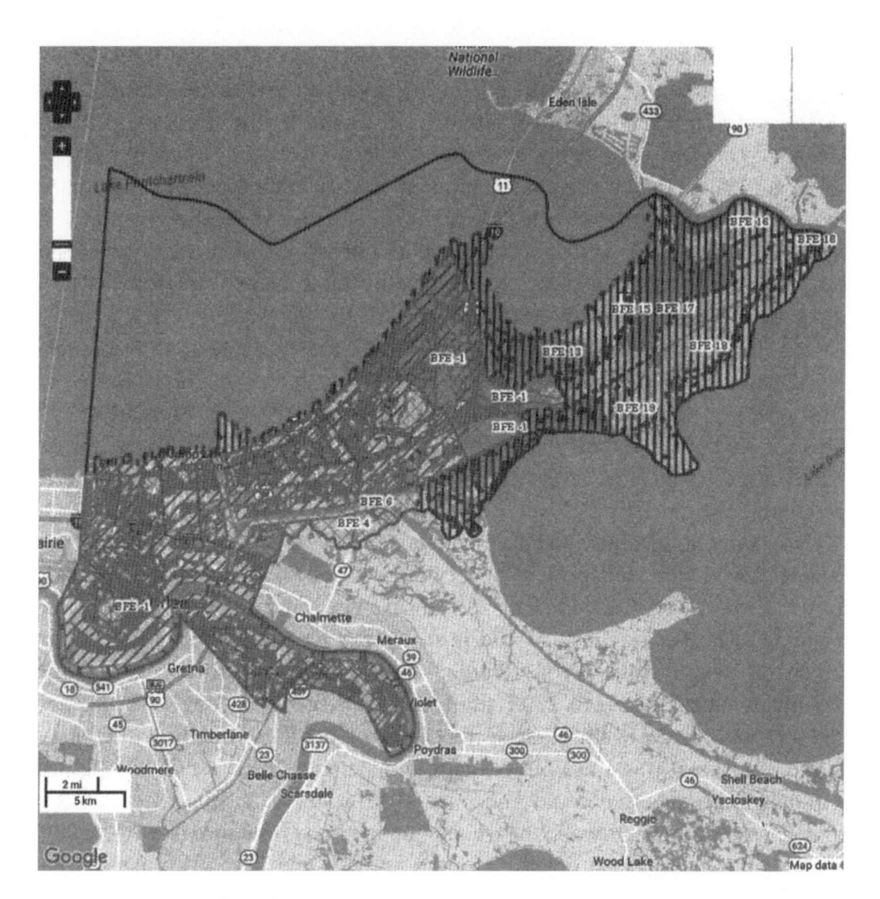

圖 2.6　聯邦緊急事務管理署澇患資訊入口網——紐奧良市風險地圖

來源：聯邦緊急事務管理署

以不買水災險，因爲只要再來一次卡崔娜等級的颶風，恐怕會再度摧毀房產。如果沒有保險，損失將會非常慘重。韌性的意義就是在罕有正確答案的問題上，爲風險預做準備規劃，並且採取行動以減少成本支出。不過像紐奧良這種衆多土地都接近或位於海平面以下的城市，究竟要將界線劃在哪，決策會有困難，也會有爭議。

不論從政治或者經濟的角度，進行韌性規劃都不容易。卡崔娜風災顯示我們其實經常有足夠的認知，能夠表現得更好——而且早一點好好做，會比災害發生後才事後彌補來得節省成本。困難則在於政治上或預算上要蒐集足夠資源，讓該做的事得以落實。

好的解答是什麼？

本章一開始提出的問題是：該問的問題有哪些？共有五個：後見之明、先見之明、成果、風險，以及韌性。逐一探究後，不禁要問：好的解答是什麼？後續幾章會看到，好的解答不僅有助於理解這五項議題，還能夠協助人們處理下列三大相互關聯的難題：

- **資訊孤島（silos of information）**。從本章的內容可以知道，有效解決問題的關鍵在於資訊。然而，經常人們掌握到的資訊卻困在愛德華・德希夫（G. Edward Deseve）所稱的「資訊孤島」——即個別機關、個別計畫所產生的佐證資料，多半未能與更大的問題產生關聯〔26〕。機關或者計畫內如果出現不再重要的問題，就該斷捨離〔27〕。如果想找到好的解答，就得靠跳脫機關或計畫孤島的資訊才能辦到。後續將探討如何讓佐證跳脫這些孤島，驅策出良好決策。
- **重要問題的解答須讓人信服**。就某個層次而言，這指的是研究要做得好，而且要符合嚴謹分析的標準。例如，假設想知道如何評量結果的眞假，隨機對照試驗是一個可行的指南。同理，想做資料分析時，則可以依靠顯著性檢定。但更廣泛層次來說，指的是佐證必須讓人信服、能強而有力回答政策制定者提出——或須提

出 —— 的問題，而且提供政策制定者向前進展的信心。本章已鋪設好用來處理這個問題的基礎，後續幾章會再深入探討。

- **處理價值**。回答這五大問題，到頭來意味著要去釐清政策制定者及公民所相信的價值。佐證能夠幫助塑造這些價值，同時政策制定者也往往透過價值這個稜鏡觀看佐證。好的佐證有一個最重要的貢獻，就是提供力道去處理這個根本難題，而且讓它更爲透明。究竟所作決策是爲了彰顯哪些價值？而彰顯這些價值所採取的行動夠好嗎？有沒有須要改善之處，能讓成果更好？

更優秀的佐證帶來更大的透明度，能夠更爲完善地協助人們處理以上問題。不過，確實也可能因爲原本躲在底下的價值衝突浮出檯面，而拉高政治緊張情勢。有些時候，政策制定者不是眞的**想要**知道問題的答案，因爲一旦知道答案就會被迫去解決更加棘手的問題。然而，眼見民衆對政府的信任大跌，加上預算資源愈來愈少，不處理棘手問題只會讓艱鉅的挑戰更爲嚴峻。凡是面對挑戰的你我，只要靠著一點技能，加上偶爾的運氣，都能夠靠著更好的認知去好好處理這些棘手問題。下一章要談的，就是如何藉由**說故事**去處理這樣的問題。

◆ 本章注釋 ◆

〔1〕關於這些問題的深入探討，請見 G. Edward Deseve, *Enhancing the Government's Decision-Making: Helping Leaders Make Smart and Timely Decisions* (Washington, DC: Partnership for Public Service, 2016), http://www .businessofgovernment.org/sites/default/files/Enhancing%20 the%20Government's%20 Decision-Making_0.pdf.

〔2〕例如，可參考 Kathryn E. Newcomer, Harry P. Hatry, and Joseph S. Wholey, *Handbook of Practical Program Evaluation*, 4th ed. (San Francisco: Jossey-Bass, 2015).

〔3〕Ian Lovett, "In California, a Champion for Police Cameras," *New York Times* (August 21, 2013), http://www.nytimes.com/ 2013/08/22/us/in-california-achampion-for-police-cameras .html?smprod=nytcore-ipad& smid=nytcore-ipad-share.

〔4〕Laurie O. Robinson and Jeff Slowikowski, "Scary-and Ineffective: Traumatizing at-Risk Kids Is Not the Way to Lead Them away from Crime and Drugs," *Baltimore Sun* (January 31, 2011), http://articles.baltimoresun .com/2011-01-31/news/bs-edscared-straight-20110131_1_ straight-type-programs-straightprogram-youths.

〔5〕Anthony Petrosino, Carolyn Turpin Petrosino, and John Buehler, *"Scared Straight" and Other Juvenile Awareness Programs for Preventing Juvenile Delinquency* (Oslo, Norway: Campbell Systematic Reviews, 2004), 34, https://www.campbell collaboration.org/media/ k2/attachments/Scared_ Straight_R.pdf.

〔6〕Elly Yu, "At 'Wit's End': Scared Straight Programs Remain Popular among Parents Despite Warnings," *Juvenile Justice Information Exchange* (May 9, 2014), http://jjie.org/at-wits-endscared-straight-programs-remainpopular-among-parents-despitewarnings/106811.

〔7〕譯者注：美國第 44 任總統，在任期間 2009-2017 年。

〔8〕這一段取自我寫的一篇論述："Obama's Pre-Cooked Goose," *Washington Monthly* (January 22, 2015), http://washington monthly.com/2015/01/22/ obamas-pre-cooked-goose.

〔9〕Congressional Budget Office, *Revisions to CBO's Projection of Potential Output since 2007* (Washington, DC: Congressional Budget Office, February 2014), 3, http://www.cbo.gov/publication/ 45150.

〔10〕譯者注：小羅斯福總統（Franklin D. Roosevelt），美國第 32 任總統，在任期間 1933-1945 年。

〔11〕譯者注：即歐巴馬所屬的政黨。

〔12〕譯者注：希拉蕊 · 柯林頓（Hillary Clinton），2016 年美國總統選舉民主黨總統候選人。

〔13〕關於績效管理系統的分析，可參考 Robert D. Behn, *The PerformanceStat Potential:*

A Leadership Strategy for Producing Results (Washington, DC: Brookings Institution, 2014).

【14】請參考疾病管制與預防中心推出的 PulseNet, https://www.cdc.gov/pulsenet.

【15】Jim Lynch, "DEQ Fires Worker Who Supervised Flint's Water," *The Detroit News* (February 5, 2016), http://www.detroitnews .com/story/news/michigan/flintwater-crisis/2016/02/05/flintwater-crisis/79888340; Jim Lynch and Jacob Carah, "Attorney: Ex-State Water Regulator 'Did Nothing Wrong,'" *The Detroit News* (August 3, 2016), http:// www.detroitnews.com/story/ news/michigan/flint-watercrisis/2016/08/03/flint-watercourt/88005426.

【16】"Lead Testing Results for Water Sampled by Residents," http:// flintwaterstudy.org/informationfor-flint-residents/results-forcitizen-testing-for-lead-300-kits（來自維吉尼亞理工學院 Jeffrey Parks 博士與其科學團隊共同進行的密集分析）。

【17】Lynch, "DEQ Fires Worker Who Supervised Flint's Water."

【18】Stephan Braig, Biniam Gebre, and Andrew Sellgren, *Strengthening Risk Management in the U.S. Public Sector* (Washington, DC: McKinsey & Company, May 2011), 1, https:// www.mckinsey.com/~/media/ mckinsey/dotcom/client_service/ Risk/Working%20 papers/28_ WP_Risk_management_in_the_ US_public_sector.ashx.

【19】U.S. Government Accountability Office, *Enterprise Risk Management: Selected Agencies' Experience Illustrates Good Practices in Managing Risk* (December 2016), http://gao .gov/assets/690/681342.pdf.

【20】如果想了解故事的來龍去脈，請參考 Donald F. Kettl, *System under Stress: The Challenge to 21st Century Governance*, 3rd ed. (Thousand Oaks, CA: CQ Press, 2013); and John Tozzi, "How Healthcare.gov Botched $600 Million Worth of Contracts," Bloomberg (September 15, 2015), http://www.bloomberg .com/news/articles/2015-09-15/ how-healthcare-gov-botched600-million-worth-of-contracts.

【21】見 Louise K. Comfort, Arjen Boin, and Chris C. Demchak, eds., *Designing Resilience: Preparing for Extreme Events* (Pittsburgh: University of Pittsburgh Press, 2010).

【22】Gene Kranz, *Failure Is Not an Option: Mission Control from Mercury to Apollo 13 and Beyond* (New York: Simon & Schuster, 2009).

【23】Judith Rodin, *The Resilience Dividend: Being Strong in a World Where Things Go Wrong* (New York: Public Affairs, 2014), 3.

【24】Global Resilience Partnership, http://www.globalresilience partnership.org.

【25】Federal Emergency Management Agency, "Hurricane Pam Exercise Concludes" (July 23, 2004), http://www.fema.gov/newsrelease/2004/07/23/hurricanepam-exercise-concludes.

【26】Deseve, *Enhancing the Government's Decision-Making*, 22.

〔27〕Donald F. Kettl, *The Next Government of the United States: Why Our Institutions Fail Us and How to Fix Them* (New York: Norton, 2009).

第 3 章

說故事

前一章探討的五大問題，架構出了政策制定者需要解答的議題。但光是挖掘資料依舊不夠，因爲數據從來不會不言而喻。這是優秀的政策分析家都要學到的第一個教訓；甚至有時候這個教訓必須經歷幾次挫敗才會領悟。至於對數據資料完全陌生又忙碌的政策制定者，這句話更是貼切——何況政策制定者多半一開始連需要數據資料這件事都半信半疑。

假設現在想追蹤洛杉磯市的犯罪情形，而且想了解好萊塢區域的狀況。政策制定者可以去瀏覽警局紀錄簿上的犯罪列表（見圖 3.1），但光是從好萊塢地區一天內發生的犯罪事件理出頭緒就很困難了，一旦列表積成厚厚一疊，更不可能了解整個狀況。究竟犯罪

卡門大道與富蘭克林大道口	汽車竊盜	7 月 26 日 晚間 11:45
希卡摩大道與好萊塢大道口（刪除）	重傷害	7 月 26 日 晚間 10:35
哈洛德路 5700 街廓（刪除）	重傷害	7 月 26 日 晚間 10:30
哈洛德路 5700 街廓（刪除）	重傷害	7 月 26 日 晚間 10:30
西日落大道 6100 街廓	偷竊	7 月 26 日 晚間 8:30
北阿塔威斯塔大道 1400 街廓	入室竊盜	7 月 26 日 晚間 7:45
北卡溫卡大道 1500 街廓	偷竊	7 月 26 日 晚間 6:00
北高登街 1500 街廓	偷竊	7 月 26 日 下午 2:30
好萊塢大道 7700 街廓	入室竊盜	7 月 26 日 上午 9:30
好萊塢大道 7700 街廓	入室竊盜	7 月 26 日 上午 7:00
好萊塢大道及史瑞德大道口	強盜	7 月 26 日 凌晨 12:40
威克斯大道 800 街廓	偷竊	7 月 26 日 凌晨 12:01

圖 3.1 好萊塢地區犯罪情形，2016 年 7 月 26 日

來源：「洛杉磯地圖繪製」，《洛杉磯時報》（2016 年 7 月 26 日），擷取自：http://maps.latimes.com/neighborhoods/ neighborhood/hollywood/crime。

案件增加還是減少？是否集中在特定鄰里？是否出現許多小型犯罪？主要是財物犯罪，還是更為嚴重的人身侵害？這些問題不是單純瀏覽數據資料就能夠回答的——但政策制定者（和民眾）就是須要知道答案。《洛杉磯時報》曾經做過一項策劃報導，將犯罪統計數據轉換成趨勢圖及地圖（見圖 3.2），讓數據生動起來。結果顯示，每發生

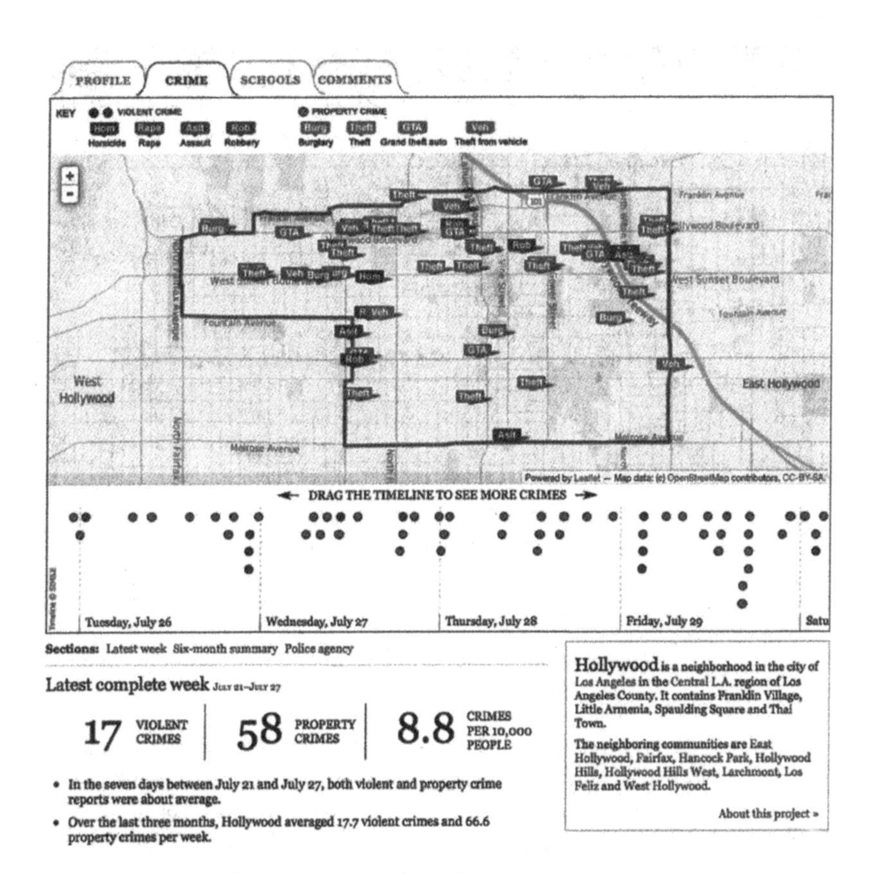

圖 3.2　好萊塢地區犯罪情形，2016 年 7 月 26-29 日

來源：「洛杉磯地圖繪製」，《洛杉磯時報》（2016 年 7 月 26 日），擷取自：http://maps.latimes.com/neighborhoods/ neighborhood/hollywood/crime。

一起人身侵害犯罪事件，就發生約三起多的財務犯罪事件；而過去三個月以來犯罪的趨勢型態未見重大變化。這份地圖能夠讓人曉得犯罪事件的**發生地點**——像是知名的日落大道就是一個犯罪熱點。比起去逐頁翻查警局犯罪紀錄簿上令人無感的數據，觀看這張地圖能夠讓人**更加**了解鄰里犯罪的情形，還可以選擇不同日期、不同時段、不同鄰里——而且檢視模式最大可放大至個別街廓，更加掌握洛杉磯的犯罪故事。

篩選

資料本身不會不言而喻；但如果表達方式對了，就能讓資料說出強大的故事。關鍵在於優秀的**資料視覺化**：將資料轉換爲各式各樣的表現形式，包含圖、表、地圖，乃至其他資訊圖表（infographics）。這些就是讓成疊的犯罪紀錄簿轉變成生動地圖的魔術所在，也是獲得認知的關鍵。

對政策制定者而言，政策難題不斷發生且連續無縫。他們關注的是人們居住地發生的問題，然而認知的過程卻經常是片段且區塊的，原因是不同的分析專家——以及不同類型的分析——帶來不同的篩選機制，造成某些問題得到重視，其他問題則遭到冷落。如果要獲得認知，就要先有正確的連結，讓政策制定者理解故事——而且是完整故事——並且不會身陷各家之言的爭論，或是發現有重要議題沒有處理。

相異的難題。從表 3.1 可以看出五大問題連結到不同的難題，如同前一章所述。而各個難題又連結到不同的政策過程階段：政策制定者下決策之前（連結到預測）、政策制定者實施政策時（連結到績

表 3.1　五大問題的篩選機制

	處理的難題	政策過程階段	主要學門領域
後見之明	計畫評估	實施後	個體經濟學；歷史
先見之明	預測	實施前	總體經濟學
成果	績效管理	實施中	公共管理；歷史
風險	面對各種損失、危險、傷害	涵蓋所有階段——在問題發生前即予以解決	專門綜合體：金融、管理、工程、資訊科技、網路安全、通訊、人才管理；歷史
韌性	失敗後重振旗鼓	涵蓋所有階段——在問題發生前即予以解決	專門綜合體：領導、工程、資訊科技、建築、社會學、管理學、人才管理；歷史

來源：作者自製。

效管理）、政策制定者評估成果（連結到計畫評估），以及設法避開風險與獲得最大韌性（連結到各個階段——而且得在壞事發生前達成）。但不同的過程階段，會有不同的角色投入：坐在幕僚辦公室的分析專家專注於計畫實施前及實施後的課題；第一線主管則獨自和執行面的課題奮戰。事實上，有時候很難將執行前與執行後的相關課題資訊，與執行過程本身連結起來，因爲人員各異、辦公單位截然不同、專注的問題也相去甚遠，而且經常互不溝通。

相異的學門領域。還有一個挑戰在於，要讓不同學門領域的專家能夠彼此溝通。即使是經濟學家，經常也難互相理解。經濟學家比較專注在先見之明與後見之明，可是先見之明——尤其是以經濟趨勢爲依據者——比較是總體經濟學家的專長領域；而後見之明——特別像是計畫評量及成本效益分析——則是個體經濟學家的專業範疇。這兩個經濟學不同分支的經濟學家多半不相往來，各自專注在不同的難題，運用不同的技法（有時更毫不掩飾對另一方的輕蔑）。再來則是更重要的問題：要讓經濟學家和非經濟學家能夠溝通。許多人的態度基本上就是不喜歡經濟學。曾經擔任川普總統顧問的保守派經濟學家史蒂芬 · 摩爾（Stephen Moore），就曾經引述當年歐巴馬總統在任時的白宮經濟顧問委員會主席克里斯汀娜 · 羅莫（Christina Romer）說過的老笑話：「世界上有兩種學生：討厭經濟學的學生，跟超級討厭經濟學的學生。」摩爾還補充說「確實如此」[1]。光是要經濟學家彼此溝通已經夠困難，更不用說還要讓非經濟學家聽得懂經濟學家所表達的內容，遑論願意接受其意見。

這種情況尤其會發生在要連結決策佐證（後見之明及先見之明）到執行決策（成果）的時候。經濟學家多半專注於決策時每一塊錢要達到最大效益。並非因爲經濟學家認爲決策執行不重要，而是純粹認爲決策比起執行更重要，因爲決策替後續鋪出框架。然而，數十年的政策辯論以來，不斷有研究政策執行的學者指出，光靠決策不足以自動執行（self-executing）。政策執行是件苦工。事實上，傑夫里 · 普雷斯曼（Jeffrey L. Pressman）與艾倫 · 懷達夫斯基（Aaron Wildavsky）合著的經典著作，便說明了在華府制定的經濟發展計畫，到了加州爲何會步上失敗的命運。充滿故事性的副書名坦率表明問題所在：「華府滿懷的抱負最後如何在奧克蘭破碎一地；或者該說，聯邦計畫能夠運作，本身就是奇蹟——經濟發展局的長篇傳奇故事，由兩位嘗試從破碎希望中建立教訓的旁觀同情人士撰」[2]。兩位作者發現，不但重大決策並未產生決策者當初預料的成果，更大的問題在於決策者並未重視政策的執行。聚焦在決策面的分析，與產出成果所必備的分析，兩者很少能夠互相連結。

另一項挑戰則是風險評量與韌性。五大問題的層次不同於決策與執行難題的層次。風險評量與韌性問的是哪裡可能發生問題，以及整個體系要如何重振旗鼓。這類分析援用許多學門領域知識，有的甚至遠超出經濟學、政治科學、公共行政及管理學等傳統政策學門。表 3.1 臚列的廣泛學門領域，給風險與韌性分析增添許多有用的「支撐」基礎與佐證。但若連經濟學家有時候都很難彼此溝通，那麼想將各個學門產生的洞見連接起來成爲單一政策鏈的話，實在難上加難。對學者而言，前述現象是有趣的知識難題；但對於要求政府施政順暢的公民而言，他們要的是政府提供行得通的計畫，以及在行不通的時候，展現出韌性；而各個學門面對阻礙時所採取的不同處理途徑，有時候反而成爲另一種阻礙。正當各個學門的專家努力存異求同時，決策者往往失去耐性。

不同難題、不同學門領域、一套計畫、一群公民（及納稅人）。挑戰就在於打造佐證，讓大家曉得該做些什麼，而且要向決策者說故事，讓他們曉得如何做該做的事。這就是資料視覺化的根本挑戰：要用容易理解的方式將我們的認知傳達給須要採取行動的人。

看透資料

五大問題的相關資料多半無法不言而喻；分析專家及政策制定者取得資料之初，資料的長相多半像是圖 3.1 的犯罪表，一層又一層，乍看之下似乎有用，卻又難以明確看穿背後的意義。那麼分析專家該如何將它轉換爲認知呢？該如何敘述資料所想表達，甚至有時候是隱藏在資料中的故事？其實，有多種方法可以從資料中找出意義。

統計

打從遠古時期，專家就不斷在彙整資料，用來設法理解政府各式重大議題。如今有何新鮮或不同之處？在於重大問題往往伴隨著更為龐大的資料，決策者須要找出能夠抽絲剝繭地消化問題的方式，去運用**敘述統計**，速寫龐大複雜的數據，再用**推論統計**的方式，針對成群數據的不確定性做出結論。理解資料的第一步是先從敘述統計著手。上週好萊塢地區發生多少起犯罪——這週算不尋常嗎（即：犯罪案件數量較平均數字高或低）？假設犯罪案件數量較高（低），那麼異常程度多大（即：每週犯罪案件數量的變化多大，上週數量是否相對顯得不太尋常）？例如，2016 年 7 月的最後一週發生 17 起人身暴力犯罪（如：傷害與搶劫）及 58 起財物犯罪（如：偷竊、入室竊盜、及汽車竊盜——在英文中，熱門遊戲俠盜獵車手便以汽車竊盜命名）。至於平均數據，則是過去三個月發生 17.7 起人身暴力犯罪及 66.6 起財物犯罪。兩相比較之下，雖然不要發生犯罪最好，但 7 月最後一週的情況不算特別。

基本統計非常重要。分析專家也好，政策制定者也好，乃至一般民眾，遇到龐大數字時，每個人會問第一個問題就是：平均是多少？我的嬰兒體重落在平均值嗎？我的小孩閱讀成績高於或低於平均值？我的狗比其他狗聰明嗎？在 Google 網頁搜尋「平均」這個詞會出現 12 億筆結果，堪稱人們用來理解數字意義的最普遍、最基本的方式。當然，每個人都想要自己表現高於平均——至少是在好事方面。且看下列新聞內容：

- 「聯邦公務員，績效皆列優等」。《華盛頓時報》一篇報導指出，「聯邦政府單位中，99% 的公務員工作表現極佳——其中超過 2/3 的表現超乎預期，或表現傑出[3]。」
- 「退休金支出占稅收比例，加州高於全國平均」。某監督機構網站指出：「根據某研究單位網站發布之資訊顯示，稅收挹注退休基金之占比，加州高於全國平均。至於支出超乎尋常之原因，並不完全明朗[4]。」

- 「塔爾薩市今年自來水管線破損低於往年平均」。《塔爾薩世界日報》向讀者指出，今年市區自來水管線破損情形遠低於往年。例如，歷年來1月平均自來水破管件數爲167件，但2016年1月僅出現67件。市府官員認爲，多虧不斷下雨的好天氣，讓管線不用經歷乾/濕循環的摧殘，因此破管數量減少，可望替納稅人省下可觀支出[5]。
- 「懷俄明州『人均擁槍比率傲視全國』，槍殺人數卻低於平均」。保守派網站Brietbart指出：「懷俄明州的『人均擁槍比例傲視全國』——但槍殺的人數比例卻低於全國平均。」一名當地警方對此現象津津樂道，認爲「公民擁槍可以補足他手邊的『有限警力』[6]」。
- 再來，還有所謂的沃貝根湖效應（Lake Wobegon effect），名稱取自某個虛構小鎮，該鎮因蓋里森・克勒（Garrison Keillor）主持的公共廣播秀而聲名大噪。克勒在節目上會說：「歡迎來到沃貝根湖，這兒女人強壯、男人英俊，所有孩子能力都在平均之上。」

平均數非常有用，但傳達的資訊卻有限。知道人事物（與政策制定者）的表現高於或低於平均固然很好，不過這種基礎統計無法說明最重要的事。首先是「爲什麼」的問題：出現這樣的數字，原因爲何？再來是「什麼」的問題：如果政策制定者想採取行動改變現況，該做些什麼？又能夠多確定行動會達到期望的效果？此時，就得從平均數這種描述統計，轉移到t檢定與迴歸分析這類推論統計，以利回答問題。

然而，不經常接觸這種統計檢定的人，多半難以理解檢定結果的意義。從 Google 新聞頁面查詢「迴歸」一詞，檢索結果出現棒球（某球隊的表現是否會退步？）及嬰兒（我的嬰兒睡眠習慣是否會退化——而且是否會讓我變得更加疲憊？）相關新聞的數量，甚至比公共政策議題還多[7]。

考慮一下澳洲人 2016 年當年在意的問題：澳幣兌美元是否會進一步貶值，使得進口品變貴。當時高盛（Goldman Sachs）分析師羅賓・布魯克斯（Robin Brooks）私下提供詳細推論統計數據，指出確實會如此——但附帶警告。布魯克斯解釋道：「我們會定期依據迴歸模型，將利差、商品價格及風險胃納等變數納入匯率的考量。這些模型的正確性固然有待商榷，但整體確實有助於消化理解眾多影響外匯的因素。」另外，法國巴黎銀行（BNP Paribas）這間大型銀行的分析師則指出，其研究顯示澳幣很可能接下來走弱[8]。那麼，這對政策制定者的啓示是什麼？澳幣可能升值，也可能走貶。專家見解互異，而且都使用複雜統計模型，對政策制定者而言，幾乎不白話——何況就這個案例，還得上網付費才能取得資訊。

研究往往非常可貴，可以提供人們重要線索去了解未來態勢。嚴謹的分析專家必須懂得如何運用這些統計工具，並善加利用。然而，光靠這些工具很難表達出完整、清楚的故事，因爲故事或者沒有提到政策制定者想知道的事，或者故事提供的資訊很難讓政策制定者消化。資料無法不言而喻，因此政策制定者須要額外的協助，才會曉得該如何採取行動。

圖表

至於額外的協助，一部分來自眾所皆知、或者理應懂得運用的試算表程式，像是微軟公司開發的 Excel 及蘋果公司開發的 Numbers。專家只要點幾下滑鼠，就能將堆積如山的資料轉換成賞心悅目的圓餅圖、折線圖與其他工具，產生引人注目的結果。舉例來說，看看圖 3.3 及 3.4，兩張圖都在呈現聯邦政府在個人福利保障項目的給付支出。至於支出是否增加，或者增加多少？這兩張圖表正好說明了，不只有一種方法可以回答問題。

有在關注聯邦預算政策及政治的人都知道，第二次世界大戰結束後，政府在福利保障項目的給付支出快速成長——特別是在 1970 年代之後，聯邦醫療保險（Medicare）及醫療補助計畫（Medicaid）日漸重要，而且社會安全保險金的請領支付有所增加。但是每年支出的金額——經濟學家稱之為「當期金額」——不是很好的長期比較方

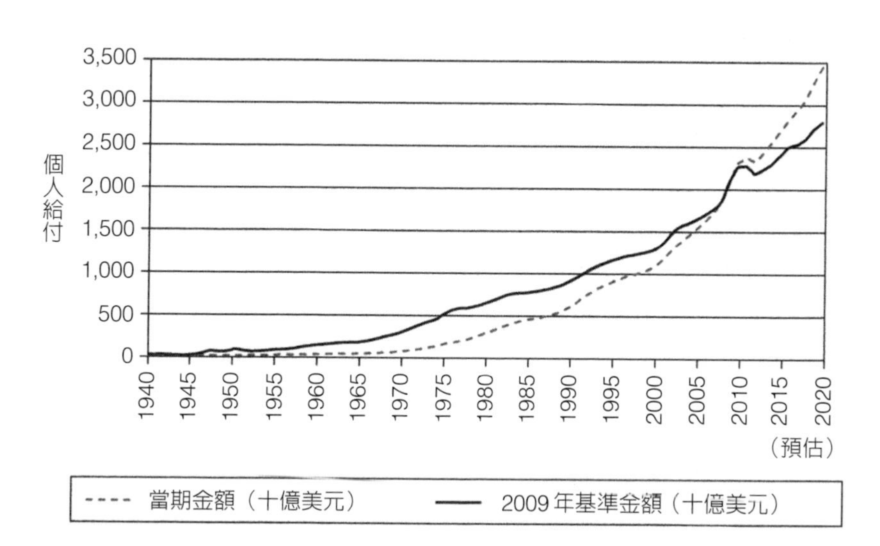

圖 3.3　聯邦政府個人給付：美元計價

來源：管理預算局著，《2017 財政年度美國政府預算：歷史圖表》表 6.1，擷取自 https://www.whitehouse.gov/omb/budget/Historicals。

式，因爲該金額在經過一段時間之後，會因爲通貨膨脹的緣故而減損購買力；考量到這一點，可以改用基準金額去折算當時的支出（即依據某個標準年度——在這個例子中是 2009 年——並且以當時的購買力去折算支出）。當改用基準金額進行計算後，會發現到福利保障支出快速成長，但成長速度不如當期金額那般快速。

不過，即便支出圖表使用通膨調整後的金額進行繪製，對其他難題仍幫助有限，像是：當聯邦政府總支出成長時，福利保障給付占總支出的比例是否也有所成長呢？以及：當這段期間的整體經濟有所成長，福利保障給付所占經濟規模的比例究竟多大？至此，故事變得更有意思（見圖 3.4）：在 1960 年，福利保障給付所占聯邦政府總支出約爲四分之一又多一點（26.3%）。經濟學者估計到了 2020 年，給

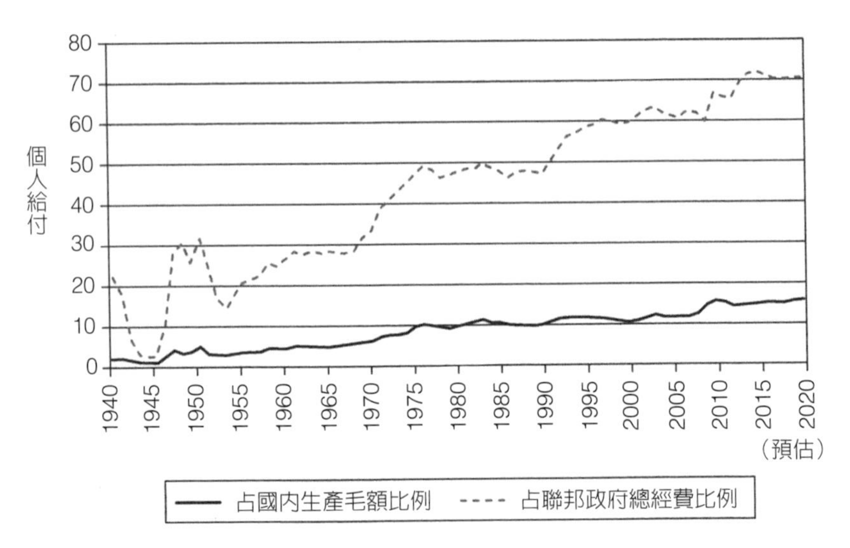

圖 3.4　聯邦政府個人給付：占聯邦政府總經費比例及占整體經濟規模比例

來源：管理預算局著，《2017 財政年度美國政府預算：歷史圖表》表 6.1，擷取自 https://www.whitehouse.gov/omb/budget/Historicals。

付支出比例將會上升至 70.3%，幾乎是原先三倍之多。至於福利保障給付所占整體經濟規模的比例呢？同一時期成長將近四倍，從 4.5% 竄升至 15.7%。

現在思考一下如何比較這些不同的發現最爲妥適。表 3.2 顯示出不同基準下產生的百分比變動程度，時間是 1960 年到 2020 年，橫跨一甲子。哪一個基準最好？數字分布從將近 15,000% 到 168% 不等。福利保障給付有所成長，這一點毋庸置疑；但是成長多少？意涵是什麼？

答案取決於問題的問法。幹練的分析專家懂得根據想要得到的答案，來設定問題的問法。不同基準會導致不同結論，有些結論比起其他結論會令人更膽戰心驚。

不同的圖會產生不同的結論，表也是如此，何況都還未經修飾；一旦圖表經過修飾，便可改變曲線或形狀，讓變動顯得更大或更小。告訴我你想要什麼結論，我就能畫出合適的圖表，給你當作佐證——會這麼做的分析專家很多。尤其當分析專家所服務的單位原本就有明確想法時，多半會暗示專家什麼才是問題的「正確」解答——專家要做的就是用最好的方式呈現資料，繼而鞏固該單位的組織任務與意識形態。這經常帶給分析專家困難的道德問題：究竟我

表 3.2　個人給付百分比的變動

	變動：1960-2020 年
以當期金額計	14,813.5%
以 2009 年金額為基期計	1,971.3%
以占國內生產毛額比例計	251.1%
以占聯邦政府總經費比例計	168.4%

背負的是對付我薪水的雇主的義務，還是對事實的？如果是對眞理，這個「事實」眞的一直都很清楚無疑嗎？

難怪馬克 ・ 吐溫（Mark Twain）曾經說過那句名言：「世界上有三種謊言：謊言、該死的謊言，以及統計數字。」他又說：「事實很頑固，統計數字比較圓融[9]。」這句話固然有些憤世嫉俗，畢竟分析專家要靠很多、很複雜的統計工具來評估數據背後的事實，也會用顯著性檢定來判斷結論的可靠性。不過，在看待專家呈現的統計數字、圖表以及背後事實時，大衆的心態十分消極。這也是何以政策制定者多半對眼前數據感到不自在的原因之一，因爲擔心數字及圖表都已被刻意操作，用來表達特定論點，除非論點因爲不確定性太高而意義模糊。美國前總統杜魯門就曾說過一句名言：「我只要單方面說法[10]的經濟學家！我身邊所有經濟學家都在說：『一方面這樣？另一方面那樣[11]。』」

統計數據很寶貴，能夠讓我們理解事物；但政策制定者往往不清楚可以從統計數據知道些什麼。

地圖

統計數據與圖表多半有相同的侷限性，也就是二維的世界。確實，某些圖表可以變得立體，但目的是讓簡報變漂亮，而非增進實質意義。當代資料視覺化大師愛德華 ・ 塔夫迪（Edward R. Tufte）就曾經說過：「資料所呈現的世界模樣，被困在永無止盡的扁平二維紙張與投影銀幕。」有趣的世界全在三維，再加上時間面向的第四維度[12]。訣竅在於要在扁平頁面呈現出多元向度，並且打造出政策制定者覺得清楚且能信服的圖像，然後進一步去決定如何利用這些圖像。

重點在於，有一些東西是大家想知道的，但用統計沒辦法表達出來。統計數字善於捕捉平均數等等這類重要面向，也是探索因果關係時的重要依據——因果關係是指什麼樣的變動，導致什麼樣的結果。然而，統計數字在呈現其他重要事情方面，也顯得捉襟見肘，像是事情發生在**哪裡**？民眾和服務民眾的政策制定者都想知道自己居住地發生些什麼事。而地圖就是很棒的幫手。從先前那張說明好萊塢地區犯罪情形的圖 3.2 可以看出，地圖可以讓人們曉得哪裡發生什麼事，並且可以迅速帶出重要問題，像是：不同類型的問題是否互相關連，例如暴力犯罪及財物犯罪？而在跨時間序列比較地圖時，也能夠觀察出特定地區是否出現特定類型的問題，例如犯罪數量及嚴重程度是否雙雙成長？特定街道是否更加容易發生犯罪？此時，地圖就能協助提供解答。此外，地圖更具備下列幾項重要優點：

- **地圖傳達出政策制定者與民眾最關心的事**。政策制定者多半代表各個社區，固然會有興趣了解資料所呈現出的整體趨勢；不過他們最關心的，還是特定計畫會如何影響社區、區域、市鎮，或者整個州。而地圖最能夠傳達出政策制定者最想聽到的故事；此外，地圖也能向一般公民溝通。分析專家總是太常注重在計畫本身，但民眾畢竟不是住在計畫裡，而是住在現實的社區。
- **地圖能夠迅速針對各種議題提供概覽**。通常在進行統計之前，會須要花上一段時間先產生足夠的資料；如果使用的是更複雜的統計技巧時，更是如此。反觀地圖則可迅速提供概觀，像是犯罪每週變化的趨勢，或是每小時更新說明哪幾條街道的積雪已被清除等等。對民眾（及代表民眾的民選官員）而言，一場暴風雪肆虐過後，最重要的事莫過於知道還要多久車才開得出家門。
- **有些議題更適合用地圖呈現**。如果要探討因果關係、預測未來趨勢，以及評估政策提案的效能時，使用統計會遠比使用地圖合適；但在描繪政策實施的規律模式時，地圖就會發揮出更好的功能，可彌補傳統統計之不足。

- **可以從地圖上找出規律模式與關聯性**。即使是未經專業訓練的民眾，都能夠輕易在目光掃過地圖時看見一群密集的點，然後發問：「我想知道這裡發生什麼事？」可見地圖能夠將規律模式視覺化，像是犯罪熱點，或是垃圾收集趨勢等。
- **可以從地圖找出關聯性**。即便是新手，光靠地圖也會懂得發問不同計畫之間的關聯性。2008 年經濟風暴後，歐巴馬執政團隊推出刺激經濟計畫，當時白宮製作一套線上地圖系統，讓所有人在任何地方都可以看到錢的流向。此舉是爲了確保花費妥當，並且當作執政團隊的護身符，以免遭到外界指控浪費與濫用。爲了提倡透明性，這套線上地圖系統在開發時納入各項計畫，讓全國民眾在全國各地可以查詢計畫內容。有一次在這套系統的簡報座談會上，一名大一學生盯著地圖上的老家冒出一群密集的點時，想了幾秒鐘，便問了切中核心的問題：「這些點跟點之間有沒有彼此溝通？」就創造洞見的角度，地圖比起其他工具更爲獨特及卓越。
- **地圖表達的故事能夠深印腦海**。若要讓民眾及民選官員知道自己社區發生什麼事，那麼一頁又一頁的資料或是統計顯著性檢定結果，在呈現上的效果不如一張地圖來得強烈。地圖之所以是說故事的好幫手，是因爲用圖像說明複雜的議題可以讓民眾專注在他們最關注的地點。

某些情況下，地圖及圖表可以讓故事栩栩如生，包括展示一段期間內各種力道的興衰。例如，《紐約時報》就曾經做過一份圖表，說明大型金融機構在金融危機期間如何先是萎縮而後壯大。透過動態圖表，讀者可以了解到危機前夕的 2007 年到辛苦復甦的 2009 年間整個金融業的變化，也能夠理解爲何某些公司比其他公司更能度過難關[13]。圖表更可以用顏色、氣泡圖及基礎 Excel 圖表（例如折線圖、長條圖、長條堆疊圖）等，說明期間內重要變數的變化。我不打算在本書深入著墨圖表與地圖的製作，因爲坊間許多書籍已做詳細介紹，也有很棒的軟體可以讓你事半功倍[14]。這裡主要只是想讓你明白，地圖和圖表在政策辯論時貢獻良多。

下一章會再探討視覺化的挑戰。不過至少先在此讓大家了解到重要的一課：科技有失控的可能，而且即便科技上辦得到，不表示表達時就一定清楚。讓事情單純化多半會比較好。

後設資料

有時候重要的發現來自大量資料，包含來自從別的資料找出洞見的後設資料（**metadata**）。這種後設資料有時候來自意想不到的地方；例如，Google 會觀察自家搜尋引擎的搜尋活動，將其拼湊成新奇洞見的資訊。比方說，Google Trends（Google 搜尋趨勢）（http://www.google.com/trends）可以讓人們知道當下全世界或者單一國家最熱門的新聞故事。後設資料一旦被政府運用，有時確實極具爭議。像是美國國家安全局前員工愛德華 · 史諾登（Edward Snowden）揭發國家安全局在 2000 年代調查人民通話紀錄，就曾引發巨大爭議。

然而，如果能夠謹慎且符合倫理地使用後設資料，便可獲得寶貴資料。例如，成千上萬民眾及記者都會依據「資訊自由法」的規定申請調閱資料；只要仔細檢視人民申請調閱的資料項目，以及政府可供調閱與不可供調閱的項目，即有助於提升政府對透明度的追求，讓管理人員去側重整理及揭露最須被揭露之資訊。又例如，政府單位可以掃描電子郵件，尋找蛛絲馬跡以判斷是否有人藉由釣魚式攻擊或欺騙攻擊等手法，嘗試潛入敏感資料系統。隨著政府資訊存量的爆炸性成長，靠著後設資料分析，就能夠協助辨識哪些資料的使用率最高（故必須優先備份及進行支援），也能夠辨識哪些是副本資料（故得以清除——有些研究指出，光是副本資料，隨時可能占據政府機關的總資料量高達 20% 至 40%）。政府可以依此策略決定哪些資料要轉移到新系統，哪些要刪除。後設資料分析還會同步檢視使用者的搜尋標的以及政府機關掌握的資料，藉此創造出更爲理想的索引，讓政府內外部的使用者都可以找到有用的資料[15]。最好的說故事方式，其實是要去更加善用手邊擁有的資料，並且要能夠藉著利用資料來省下大筆金錢。多數時候，人們並不清楚自己知道些什麼——甚至也不曉得有哪些資訊來源，可以幫助增進認知。

此外，當後設資料結合資料視覺化，就能讓研究發現變得更加強大。Google 在許多領域展現高度企圖心，在這方面也不例外，打算捷足先登。例如，研究人員可透過 Google Trends 找出全國各地人們所搜尋的萬聖節道具服款式。舉例來說，2015 年 Google 的「萬聖驚魂」（Frightgeist）網頁曾經顯示，在緬因州波特蘭市最常被搜尋的道具服款式是海盜服。而在科羅拉多州大章克申市，最熱門的搜尋款式是嬉皮服；在亞利桑那州尤馬市，神力女超人最熱門。從圖 3.5 可以看出，最常搜尋蝙蝠俠的地點是阿拉斯加州的朱諾市。（不過 2016 年時，波特蘭的搜尋排行榜冠軍變成哈莉小丑女，而大章克申市則變成公主。）

Google Trends 這個工具也可以用來提供珍貴的政策洞見，舉凡 2015 年 11 月 13 日發生巴黎恐攻後世界各地的反應，乃至 2015 年的

圖 3.5　Google 萬聖驚魂（Frightgeist）頁面顯示的蝙蝠俠道具裝搜尋情形（2016 年）

來源："Frightgeist," https://frightgeist.withgoogle.com. Google Trends。

大規模槍擊事件對「槍枝管控」與「槍店」等詞彙搜尋造成何種影響——並且在當年度的搜尋結果中，州與州之間是否有所差異。這類後設資料提供敏銳的洞見，讓人了解全國民眾對事件的反應，以及了解民眾最在乎的政策議題是什麼。至於政策制定者，也可以曉得採取什麼樣的行動，最能夠被民眾接受。

開放資料

隨著「開放資料」（open data）運動的開展，陸續出現說故事的新方式。開放資料指的是資料產生者允許其他分析專家、記者、一般公民及政策制定者接觸基礎資料，從而讓這些人有機會以各種創意方法找出資料背後蘊含的意義，而且創意方法多數時候超乎原先資料主人的想像。開放資料也經常促成更多資料的提供——因此開放資料往往帶來更龐大的資料量。開放資料專家丹尼斯・麥唐納（Dennis D.

McDonald）說明開放資料運動歷經三階段演變：

- **開放資料 1.0**：在這個階段，政府會將資料透過中央網路目錄的方式放上網路。透明度更甚以往，而且政府可透過其他工具提升透明度，像是提供資料下載，並以圖表視覺化呈現資料。
- **開放資料 2.0**：政府進入下一階段，特點是定期更新資料、提供資料脈絡與意義，並且進一步讓資料標準化，讓使用者得以更容易進行資料間的比較；此外，技術支援也有所強化。
- **開放資料 3.0**：到此階段，官員已視資料爲促進公民參與的一項策略；除非有強力理由不去開放資料（例如涉及國家安全、隱私及企業競爭等），否則所有資料都應對外公開[16]。

開放資料奠定在幾項預設前提：一、開放資料可讓政府計畫的運作更爲透明，進而提升政府計畫本身的課責。當人民在乎政府計畫，而且可以看見目前計畫的進行情形，以及計畫的實施地點時，則可強化政府課責。二、開放資料增進並且擴大人民對計畫成果的認識，繼而讓計畫更爲有效。畢竟沒有人能夠第一次就把事情做得完美，總要靠更多反饋——而且是要讓更多獲得資訊的利害關係人給予反饋——才能改善計畫的品質。三、開放資料能夠啓發新的、前所未料的方法，將資料運用在改善計畫與服務本身。例如，維吉尼亞州的露登郡（華府杜勒斯國際機場所在地）自從 1980 年代起將大量庫藏地圖數位化並對大衆公開，後來因此得以替新掩埋場的選址作業省下 70 萬美元，尤其是透過地圖顯示出掩埋場預定地離人口集中地與水源地的距離。露登郡也運用這套系統管理建案發照，並且用來改善緊急事故應變車的應變能力。爲了協助該郡如雨後春筍般的啤酒產業發展，郡政府更推出線上應用程式（app），幫助農民辨識種植啤酒花的最佳地點（最佳位置就在該郡西部農村地帶，鄰近西維吉尼亞州的邊境處）[17]。

追求開放資料後來演變成一場運動，倡議人士並於 2007 年加州賽巴斯托波市的一場集會上，奠定開放資料的基本原則（見表 3.3）。這場運動帶來各種耳目一新的應用，舉凡尋找公立圖書館、追蹤航班是否準點，乃至尋找最優秀的老人照護服務，或是尋找哪些銀行會將資金投資於在地社區等，相關應用琳瑯滿目[18]。如果想尋找替代燃料站的確切位置，車輛駕駛可以上去美國能源部的網站，找到全國各地的替代燃料站點（圖 3.6）。賓州就將十二個資料集公開上線，可從單一入口網站存取[19]。資料日漸成爲政策的溝通語言——而開放資料則是創新的驅動力。

不過，開放並非易事；爲了管理開放而設置圍籬，可能會阻斷開放資料之路。2016 年春天，加州議會委員會通過法案，差一點就允許州立及地區政府能夠以著作權之名保護自身資料及報告；也差一點就讓承攬政府專案的民間業者享有報告、地圖、研究及所創資料的著作權保護，迫使民衆得支付授權金才能使用資料。這個議題的辯論十

表 3.3　開放政府資料之原則

- **完整**。一切公共資料都可取得，而且對外開放。
- **原始的**。所有資料盡量來自原始資料來源，未經中介過濾。
- **及時**。所有資料盡快讓人取得。
- **可近性**。盡可能讓更多類型的使用者能取得資料，包含透過網路。
- **電腦可處理**。資料的結構編排要能讓電腦程式容易處理。
- **一視同仁**。任何人都可取得資料。
- **非專屬**。沒有人能壟斷取得資料的格式媒介。

來源：「開放政府資料之八點注釋原則」，擷取自 https://opengovdata.org。

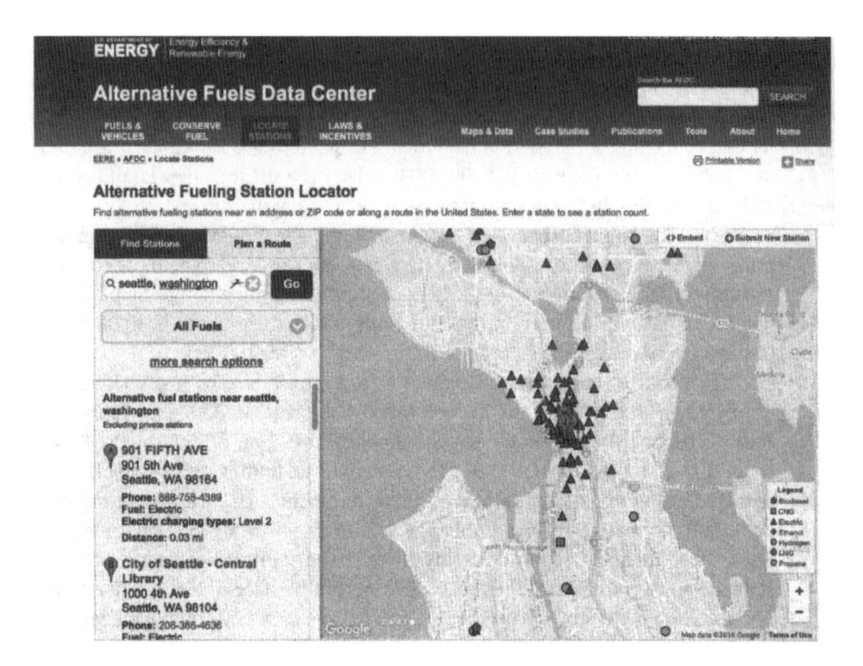

圖 3.6　西雅圖市替代燃料站一覽

來源：美國能源部，「替代燃料資料中心」，擷取自 http://www.afdc.energy.gov/locator/ stations/results?utf8=&location=seattle%2C+washington&fuel=all&private=false&planned=false& owner=all&payment=all&radius=false&radius_miles=5。

分重要。一方面，民間承攬業者主張本身依靠專業能力做生意，如果免費將資料送給人，生計會受影響；但反方主張，既然業者已取得的費用是以人民稅金支付，則納稅人都應享有權利去免費取得早已付費的資料。加州參議院最後刪除該條款，讓資料保持開放。然而，開放資料究竟該保持多開放？這個問題依舊爭論不休[20]。

讓資料說話

資料向來是闡述公共政策中重點故事所不可或缺。不過自從 1980 年代起，由於網路、電腦及行動裝置的興起，闡述的管道變得五花八門。如今，資料不僅變得更多，也產生出新型態的資料。外界愈來愈殷切盼望更多資料能夠對外開放，公共資料也更應該用來提升政府計畫的績效與課責。舉凡最適合製造啤酒的地點，乃至在機場要花多久時間排隊才能安檢 —— 種種以往無法知道、或者很難知道的事情，多虧資料運用管道的快速成長，總算從無形變爲有形。

儘管敘述統計及因果關聯界定等這類傳統資料分析型態依舊重要，但是新的資料來源、新的分析及視覺呈現工具，可以讓說故事時如虎添翼，也更能讓資料說話；而且還能讓知識變得民主化，這是在電腦時代降臨之初無人能料想得到的。不過，同時也帶來新的挑戰，像是資訊的取得以及確保資料能夠促進民主與課責。資料管理工具的種類可分爲較直接簡便的程式，像是 Excel；或是中等難度的系統，像是 Google Trends；乃至複雜的地圖程式，如 ArcGIS。不論哪一種，都擘劃出一片新天地，目的是要讓資料說話。光是深入探討各項工具，就能寫出不只一本專書。

話又說回來，即使出現這麼多神奇的新型策略與技巧，背後依然存在基本的一串問題：資料所言可信嗎？要用怎樣別人能夠懂的方式，向他們傳達資料所言，使其曉得資料的意義，進而知道該採取什麼行動？—— 尤其是針對（像是政策制定者）無比忙碌，又不是個科技通的對象。此外，要如何藉由資料來提升民主的品質，一方面提升政府效能，另一方面在人民特別在乎的議題上，促進人民與民選官員的連結？這些都是說故事時的關鍵難題，同時也替探求認知之路的下一個問題鋪路：當我們試著說出故事後，該如何進一步**推銷**故事呢？第 4 章將繼續探討這個問題。

◆ 本章注釋 ◆

〔1〕 Stephen Moore, "Why Americans Hate Economics," *Wall Street Journal* (August 19, 2011), http://www.wsj.com/ articles/SB10001424053111903596904576514552877388610.

〔2〕 Jeffrey L. Pressman and Aaron B. Wildavsky, *Implementation: How Great Expectations in Washington Are Dashed in Oakland; or, Why It's Amazing That Federal Programs Work at All, This Being a Saga of the Economic Development Administration as Told by Two Sympathetic Observers Who Seek to Build Morals on a Foundation of Ruined Hopes* (Berkeley: University of California Press, 1973).

〔3〕 Lisa Rein, "The Federal Workforce, Where Everyone's Performance Gets Rave Reviews," *Washington Post* (June 13, 2016), https://www.washingtonpost .com/news/powerpost/wp/ 2016/06/13/heres-the-newsfrom-the-federal-governmentwhere-everyone-is-aboveaverage-way-above.

〔4〕 Calpensions, "California Pensions Take Above-Average Tax Bite" (July 5, 2016), https://calpensions.com/2016/07/05/ california-pensions-take-aboveaverage-tax-bite.

〔5〕 Jarrel Wade, "Waterline Breaks Well below Average This Year across Tulsa," *Tulsa World* (August 10, 2016), http://www .tulsaworld.com/news/ government/waterline-breakswell-below-average-this-yearacross-tulsa/article_816e50c5- fe38-525f-9a1b-38dfe1e45d70 .html.

〔6〕 Awr Hawkins, "Wyoming: 'More Guns per Capita than Any State,' below Average Gun-Related Murders" (August 4, 2016), http://www.breitbart.com/biggovernment/2016/08/04/ wyoming-more-guns-per-capitathan-any-state-below-averagegun-related-murders.

〔7〕 譯者注：英文迴歸（regression）一詞另有退步、退化之意涵。

〔8〕 Sam Coventry, "The AUD/USD Rally Is Likely to Extend Say Goldman Sachs, CIBC Markets, Not So Say BNP Paribas," *Daily Institutional Research* (August 10, 2016), https://www.poundsterling live.com/forecastsnow-bypound-sterling-live/5295australian-dollar-to-head-highergoldmans-and-cibc.

〔9〕 "Statistics," Brainy Quote, http:// www.brainyquote.com/search_ results.html?q=statistics.

〔10〕 譯者注：指確定性高一點。

〔11〕 "Famous Quotes by Harry S. Truman," Book of Famous Quotes, http://www.famousquotes.com/author.php?aid=7325.

〔12〕 Edward R. Tufte, *Envisioning Information* (Cheshire, CT: Graphics Press, 1990), 12; and *The Visual Display of Quantitative Data* (Cheshire, CT: Graphics Press, 1983).

[13] Karl Russell and Shan Carter, "How the Giants of Finance Shrank, Then Grew, under the Financial Crisis," *New York Times* (September 12, 2009), http:// www.nytimes.com/ interactive/ 2009/09/12/business/financialmarkets-graphic.html?_r=0.

[14] 例如，可參考 Tufte, *Envisioning Information and The Visual Display of Quantitative Data*; Cole Nussbaumer Knaflic, *Storytelling with Data: A Data Visualization Guide for Business Professionals* (Hoboken, NJ: Wiley, 2015); and John W. Foreman, *Data Smart: Using Data Science to Transform Information into Insight* (Indianapolis: Wiley, 2014).

[15] Jim McGann, "4 More Ways Government Can Use Metadata Right Now," *Government Technology* (September 5, 2013), http://www.govtech.com/data/4-More-Ways-the-GovernmentCan-Use-Metadata-Right- Now.html.

[16] Dennis D. McDonald, "Is Your Organization Ready for the Third Age of Open Data?" (March 30, 2015), https://dennis-mcdonald58qa.squarespace.com/ managing-technology/is-yourorganization-ready-for-the-thirdage-of-open-data.html.

[17] Lawrence Stipek, "GIS's Evolving Promise for Local Government," *Governing* (August 12, 2016), http://www.governing.com/ blogs/bfc/col-loudoun-countyvirginia-gis-improve-decisionmaking.html; 關於啤酒花的種植地，請見 "Suitability Model for Growing Hops in Loudoun County, Virginia," http:// loudoungis.maps.arcgis.com/ apps/ webappviewer/index.html? id=3910bf77cdcf483abea6e01 d074045b0.

[18] 若想尋找公立圖書館，請參考 "Public Libraries Survey," Institute of Museum and Library Services, https://www.imls .gov/research-evaluation/datacollection/public-librariessurvey; 若想搜尋航班抵達時刻，請見 GateGuru, http://gateguru .com; 長者照護，請見 Happy ElderCare, http://www.happy eldercare.com; 銀行在地投資，請見 BankLocal, http://bank local.info.

[19] 參見賓州開放資料 (Open Data Pennsylvania), https://data.pa.gov. 相關分析請見 Bill Lucia, "Pennsylvania's New Open Data Website Is Now Live," *GovExec .com* (August 22, 2016), http:// www.routefifty.com/2016/08/ pennsylvania-open-data-wolf/ 130955/?oref=rf-today-nl.

[20] Daniel Castro, "California Came Dangerously Close to Ruining What Makes Open Data 'Open,'" *Government Technology* (September 2, 2016), http://www .govtech. com/opinion/CaliforniaCame-Dangerously-Close-Ruining- What-Makes-Open-Data-OpenOpinion.html?mc_cid=3dc1f19 f84&mc_eid=9f06441d8a.

第 4 章

推銷故事

有故事可說是一回事；要將故事說得好，往往又是另一回事——也就是要將故事推銷給需要的聽眾。

有時，走錯這一步會導致災難。所有學生都曉得 PowerPoint 簡報軟體的威力，但在 2003 年發生哥倫比亞號太空梭空中解體的悲劇後，《紐約時報》作家總結認爲：「PowerPoint 簡報讓人變笨」[1]。調查人員當時發現，美國國家航空暨太空總署（NASA）的官員之所以沒有意識到太空梭組員即將面臨危難，原因竟然是一份品質不佳的 PowerPoint 簡報。

太空梭起飛時，梭體遭到一片隔熱泡沫塑料擊中，造成機翼出現小洞；十六天後太空梭重返大氣層時，高溫氣體侵蝕小洞，導致最後整片機翼解體，太空梭墜地，七名組員全數罹難。其實，太空總署的工程師事發前就知道在前三次太空梭起飛時，曾經發生過隔熱塑料撞擊梭體的情形，只不過當時太空梭安然返回地球。高速攝影機曾經捕捉到哥倫比亞號起飛時泡沫塑料撞擊瞬間的畫面，工程師知道太空梭受損，只是對機組員面臨的問題究竟有多嚴重上沒有共識。而相關人員當時用什麼方式溝通這個危害呢？就是用 PowerPoint 簡報。圖 4.1 是當哥倫比亞號仍在軌道飛行時，決策者收到的最重要一頁簡報畫面。愛德華 ・ 塔夫迪（Edward R. Tufte）事後提交給太空總署事故調查委員會的分析指出，這一頁簡報包含很多資訊，但當時看著這一頁簡報的主管們，很少人能夠從上面的資訊了解到太空梭可能步向災難。太空梭組員已大難臨頭，但危難的事實卻被簡報的術語與細節給掩蓋。事實上，調查委員會事後總結指出：

> 隨著資訊在組織中層層向上匯報，從負責分析的人傳給中階主管，再傳到高階領導人時，關鍵的解釋及佐證資訊會在過程中被

過濾。依循這個脈絡，也難怪高層主管在觀看此頁簡報時，沒有意識到簡報上的資訊攸關存亡[2]。

鑒於太空梭損害的狀態，加上機組員當時沒有足夠的修復設備，不論如何恐怕也難逃死劫。但令人震驚的是這次事故所突顯的背

經查閱檢測資料後，應對隔熱瓦遭擊穿持保留態度[3]

- 經同步檢視 Crater 模型所依據之既有瓦片噴塗式泡沫隔熱塑料（SOFI, Spray-On Foam Insulation）測試資料，以及 STS-107 西南研究研究機構的相關資料後發現：

—Crater 模型 顯著地 過度預測隔熱瓦層遭到擊穿
  - 初始擊穿係依據正常速度
    - 因投擲物體積／質量而異（如：200 英尺／秒每 3 立方英吋）
  - 較軟的噴塗式泡沫隔熱塑料材質需要 顯著 能量，才能穿過相對而言較硬的瓦片
    - 測試結果顯示，在充分質量與速度下，這 有可能發生
  - 反之，一旦瓦片遭到擊穿，噴塗式泡沫隔熱塑料可以造成顯著危害
    - 總體能量的輕微變化（大於擊穿程度）可以造成 顯著 的瓦片損害

—實際飛行狀況 顯著 不在測試資料庫範圍
  - 實際斜面體的體積為 1920 立方英吋，對照測試時的 3 立方英吋

多次出現「顯著」及「顯著地」的字樣，但是標準是什麼？後果會是什麼？

「這」，這個字指的是保護瓦遭受的損害，實際上恐怕比起簡報這種陳述危險得多。

簡報頁最重要的重點位於最下方——即當前的狀況「顯著不在測試資料庫範圍」。這代表損害超出工程師先前探討過的範圍——而且他們也不曉得接下來會發生什麼事。這個結論很重要，可是卻沒有被特別強調，決策者可能連注意都不會注意到。

圖 4.1　哥倫比亞號危害評估的簡報頁

來源：愛德華．塔夫迪提交哥倫比亞號事故調查委員會之分析，收於《報告：第一冊》（華盛頓特區：美國政府出版辦公室，2003 年），頁 191，擷取自：http://s3.amazonaws.com/akamai.netstorage/anon .nasa-global/CAIB/CAIB_lowres_full.pdf。

後事實：太空總署本來早已掌握到資訊，也曉得機組員所面對的危難；卻因爲工程師未告知、也未推銷故事，導致整趟任務的決策者被蒙在鼓裡。

PowerPoint 阻礙溝通的案例不只這一例。加密頻寬可用來讓官員與決策者共享攸關任務成敗的資訊，美國國防部卻始終苦於加密頻寬不足。罪魁禍首是誰？正是充滿華麗影片與圖片的 PowerPoint 投影片，導致檔案過大；檔案既是移動坦克，又是翱翔的飛機，加上換頁時施加的複雜特效。龐大的機密資料最終堵塞國防部的內網。美國空軍太空司令部蘭斯・羅德（Lance Lord）上將早在 2003 年就曾說過：「隨著應用程式不斷增加，最終會塞爆記憶體空間。」[4] 這會造成兩個後果：一方面，頻寬堵塞使得多半要靠資訊才能完成任務的系統設備更難運作；另一方面，愈來愈多研究與分析結果得用 PowerPoint 簡報傳達給聽衆，導致重要事項被壓縮。根據內部知情人士的說法，結果造成「簡報內容許多時候令人費解」[5]。

如果故事說不出來，也推銷不出去，政策制定者將無從知道故事內容，遑論採取行動；如果資訊不是採取決策者能看到、能消化、能理解，而且能曉得該採取怎樣的行動的方式加以呈現，即便資訊再怎麼厲害、圖像再多麼令人印象深刻，用處也不大。如同本書一再說明的，資料本身不會自己講話。而且分析專家經常忽略掉一點，即決策者不需要——或者不知道他們需要——靠分析才能做決策，反而完全能夠憑著直覺、常識、口耳相傳的消息，以及小道消息逕做決策。所謂認知，不純粹只是處理資料而已，更是要回答決策者要求要有答案的問題，回答的方式還得讓他們聽得懂。

軼聞

如果你常在政治人物身邊打轉，勢必很快會發現一件事：能幹的政客很會說故事。爲了吸引更多選票，多數候選人會向選民推銷個人故事。2016 年總統大選期間，馬可 · 魯比奧（Marco Rubio）主打移民故事；川普訴說自己如何精心打造出房地產王國；柏妮 · 桑德斯（Bernie Sanders）談她如何從佛蒙特州柏林頓市長爬到現在地位；希拉蕊 · 柯林頓（Hillary Clinton）則細數過去擁護醫療與女權的經歷。多數時候，這類巡迴競選演說都會穿插幾句笑話，像是小布希（George W. Bush）的自嘲（在 2001 年耶魯畢業典禮上致詞時，他告訴在場畢業生：「我想說，成績只拿到丙的各位，『你們也當得上美國總統』」）；或是像歐巴馬（Barack Obama）的詼諧言談（2013 年造訪動盪的美國中東部地區時，他打趣說很開心能來到這裡，因爲「可以遠離國會」[6]）。政治人物自豪能夠打動聽衆；打動得了人的方法就是好方法，而說故事算是數一數二的好方法，尤其是能令人開懷大笑的那種。於是政治人物不斷重複說著這類故事。回顧川普打總統選戰的過程，確實可以讓人學到重要一課：川普巡迴競選演說及推特上的貼文（Tweet），多半最能引起聽（觀）衆的回響。

英國專家分析發現，英國重要會議場合的演說加入故事的比例如今大幅提升。1990 年的演說完全沒有穿插軼聞；但到 2007 年時，三黨領袖的演說加起來共有二十則軼聞；茱蒂 · 艾特金斯（Judi Atkins）認爲，這樣的變化主要是要讓演說「所談的事情更能夠親近聽衆」[7]。事實上，不僅民選官員愈來愈看重、愈來愈喜歡軼聞，軼聞本身有時候甚至取代更詳盡的佐證，如同稍早提到的太空總署案例中，工程研究被 PowerPoint 簡報取代。ABC 新聞台分析家馬修 ·

陶德（Matthew Dowd）解釋道：「軼聞被拿來當作某種立場的證據，卻缺乏相關整體的佐證或資料爲憑。」「一旦大家端出來的都是一連串『無從反駁』的軼聞時，有時候會讓眞相難明。」陶德又說：「我相信說故事這件事本身威力強大，也認爲找出能讓人們去理解世界動態的軼聞有其必要性。」但他也擔心軼聞太常跟佐證資料脫鉤，導致軼聞變成政治粉飾工具；一旦「軼聞獲得客觀佐證的背書，沒有什麼會比好的軼聞更有威力」[8]。

21 世紀認知的核心悖論就在此：隨著問題日益複雜化，各類別的資訊量又如海嘯般襲來，政策制定者卻日益須要——也不得不渴望——找到能夠簡化這個複雜世界的故事。2016 年 7 月針對州及地方層級領袖所做的一份民意調查顯示，65% 的人認爲他們的組織單位面對龐大的資料「不堪負荷」[9]。這的確是不得不面對的大數據難題：淹沒於愈來愈多的資訊，卻又掙扎著想知道問題的最佳解方。

這也是政策制定者不論就溝通的需求面，或溝通的供給面，都會同樣面臨到的難題。需求面而言，政策制定者需要、也想看到端上來的故事已經先將成堆報告化繁爲簡，而且互相矛盾的建議也已做該做的釐清。堆積如山的研究反而增添政策制定者決策時的困難。相較之下，故事讓一切化繁爲簡。政策制定者比較習慣用娛人或嚇人的軼聞打動選民，所以軼聞是個強大的工具。更何況，一旦軼聞深植政客腦袋，就很難根除。假如新呈上來的分析研究和最早那份分析一樣惱人，政策制定者可能就會退卻到原本簡化整個世界運作的軼聞小天地去。2002 年尋找對伊拉克開戰的理由時，當時英美決策者不難找到簡單的說詞，聲稱：海珊是危險的獨裁者，曾經用大規模毀滅性武器對付自己人民，而且擁有原料製造更多武器。甚至海珊的矢口否認也很貼切這個說詞，因爲決策者認爲海珊這種領袖本來就比較會撒謊掩蓋真實能力與背後動機。兩國攻打伊拉克後才發現海珊所言不假，簡直是無比悲劇。

就供給面而言，政策制定者試著和民眾共享資訊時，也面臨同樣挑戰。記者在報導複雜新聞時，格外喜愛軼聞，特別是有配圖、配影片的軼聞。對電視新聞而言，圖表及數據的效果不是那麼好；就算用圖表告訴民眾事情的完整來龍去脈，民眾一下子滑過網頁或是匆匆一瞥電視畫面，其實吸收不到太多東西——遑論要他們記住整件事。例如，大量隨機控制試驗的研究成果被拿來做成建議，告訴特定女性在什麼時候該做乳房攝影檢查。但是這些建議會隨女性的年齡、家族病史，以及女性本身的病歷而異。換言之，研究不是完全明確，甚至不同專家團體的看法彼此相左（見圖 4.2）。那麼，政策制定者該如何是好？將研究廣為宣傳是一回事；然而對記者而言，他們無可避免會去找出某個採訪對象，讓整個新聞具備重要且生動的視角。因為民眾會記得的，都是這類採訪故事。像是《華爾街日報》為了釐清各種乳房攝影的專家建議，就選擇去報導個別女性的故事。

資訊與佐證愈多，整個體系裡所有人就會更加要求資料意涵必須簡潔清晰。政策制定者常說：「眼前那麼多資料，但大家對資料意涵的歧異那麼大，而且對我該做怎樣的決定也看法不一。我到底該怎麼辦？」這個情況下，與其試著去破解複雜、且多半前後矛盾的統計表格所真正傳達的意涵，不如靠零星真人真事的故事來得容易撥雲見日。一旦做了決定，往往就源源不絕使用軼聞。歐巴馬的平價醫療法算是成功嗎？歐巴馬著眼於某些家庭終於買到人生第一張醫療保單，也讓民眾能夠帶病投保。但批評人士著眼的是，民眾抱怨申請過程中遭遇很大困難，而且費用昂貴[10]。原本是資料與資料之爭，演變成軼聞與軼聞之戰。有時候軼聞和佐證資料脫鉤，可能會演變成政策制

建立乳房攝影的共識

部分醫師正在試著調和各個團體單位提出的乳房攝影建議，包含女性從什麼年紀起應接受乳房攝影檢查，以及檢查的頻率。

	美國預防服務工作小組（USPSTF*）	美國婦產科醫師學會（ACOG**）	美國癌症協會（American Cancer Society）
年過 40 歲但小於 50 歲	無具體建議	每年	每年（45 歲以後）
50-74 歲	每兩年	每年	每兩年（從 55 歲起）
大於 75 歲	無具體建議	無篩檢年齡上限	每兩年（當預期壽命大於或等於 10 年）

*U.S. Preventive Services Task Force

**American College of Obstetricians and Gynecologists

圖 4.2 乳房攝影篩檢指南

來源：蘇馬席 ‧ 瑞迪（Sumathi Reddy）著，「乳房攝影檢查起始年齡的最終建議」，《華爾街日報》（2016 年 1 月 11 日），擷取自：http://www.wsj.com/articles/final-recommendations-on-when-to-startgetting-a-mammogram-1452549643。

定者與民眾覺得故事多好聽、說得多好，就選擇相信什麼故事。

認知有可能與資料脫鉤的原因，不外乎問題本身十分複雜、資料量太大、分析具有不確定性，以及撥雲見日的挑戰很大。愈複雜、量愈大、不確定性愈大、模糊度愈高的時候，人們就愈會被故事與軼聞吸引住。

這所帶出的背後重要問題是：用軼聞傳達複雜資訊所想表達的事，這樣做有效嗎？多數統計學者鐵定會持一長串的反對意見，認爲軼聞只不過是眾多集合中的單一案例而已，並未經過隨機控制試驗、統計顯著性檢定，或是更大樣本的檢驗。簡而言之，自重的分析專家怎麼會想要在嚴肅的政策辯論中講故事呢？

前麻州州議員解釋箇中原因。他說，1991 年的時候，他試著反對麻州醫院收費訂價的去管制化。和他立場相左的人認爲，讓市場保持私有化才是抑制醫療價格的更好方式。不論他到哪兒，記者會也好，聽證會也好，總是隨身攜帶厚達九英寸的佐證資料——而且是經過同儕審查的研究資料——當作論證的基礎。而對手則拿眞人眞事的軼聞，說明去除州政府管制後價格被抑制住。議員的結論是：「到頭來，對手的主張比我帶到辯論現場的整疊科學證明還要受到重視。」隔年，議員參與另一場激辯，主題爲是否應規定保險公司必須給付乳癌患者骨髓移植治療。研究人員指出該療法的益處尚未經過證實，數名女性卻出面作證，聲稱該療法挽救了他們的性命。結果是女性的故事勝出，最後通過草案，成功立法。然而十五年後，控制實驗證實其實乳癌病患的骨髓移植治療不僅昂貴無比、極端疼痛，而且沒有比較有效。這名議員約翰 · 麥克唐納（John E. McDonough）於是在 2001 年於一篇研究中總結指出：

> 故事雖然能讓立法者理解政策確實須要一番調整，但同時也可能讓立法者做出不良決策。故事能讓單調乏味的分析變得活潑，能顯現出問題，同時帶來改變的契機。然而，故事也能帶領人們走向浪費、危險之途，蒙蔽你我，讓我們看不見不想看見的不安事實，像是至今尚未有簡單的乳癌療法[11]。

軼聞之所以強而有力，得歸功於下列因素：

- **單純**。比起統計數據，軼聞總是比較容易讓人消化。
- **清楚明瞭**。故事讓複雜問題變得生動活潑，增添溫度，所以能夠不斷傳承下去。

- **深印腦海**。比起晦澀的統計數據，強大故事更容易長存於人們的記憶。
- **價值**。因爲軼聞能夠掌握並強化特定價值，所以會深印人們腦海。
- **連結**。故事能夠建立起政策制定者與民衆之間的連結；統計數據卻鮮少能夠辦到。

儘管讓人意外，事實經常確實如此，道理甚至也適用於科學研究。知名的哈佛大學自然科學家史蒂芬 · 杰 · 顧爾德（Stephen Jay Gould）便曾論定：「衆多科學的進展都是靠說故事而來[12]。」科學論戰經常是見解之爭。黛博拉 · 史東（Deborah A. Stone）在《政策弔詭：政治決策的藝術》（*Policy Paradox: The Art of Political Decision Making*）一書則提醒我們，政策論戰也經常是見解之爭[13]；在這場爭論中，故事多半更能尖銳點出爭論的眞正核心所在。

因此，說故事這件事是無法迴避的，甚至值得讓我們這麼做。但說故事的效度好嗎？如果軼聞能夠有效、可靠地呈現出現實中的核心事實，那麼效度當然好。其實統計上的平均數（算術平均數、中位數）也是在做同樣的事，也就是呈現資料的核心傾向。健全的軼聞必須具備下列條件：

- **具有效度**。故事必須眞實且正確無誤地呈現背後的現象。
- **能夠問責**。故事來源必須清楚明瞭，而且透明。
- **具有脈絡**。故事的脈絡必須清楚明瞭，而且故事結論必須與脈絡相呼應。
- **能夠消化**。沒有人記得起太過複雜的故事。
- **眞實無誤**。軼聞必須可信，無明顯誇大或是噱頭。

政策分析專家可以透過幾種方法學習說故事，包括製作訊息樹狀圖、編故事、製作不錯的圖像，以及試著讓聽衆覺得故事更加眞實。事實上，太空總署就曾聘請一位總監老師協助員工尋找各種另類表達的創意方式，讓普通人——尤其是國會議員——聽完火箭學家複雜至極的研究之後，能夠產生共鳴。（超酷的工作，可不是嗎？）例如火箭學家米格爾・羅曼（Miguel Roman）就曾藉著太空總署的衛星影像，讓人們從太空視角看見地面的耶誕燈火景象——特別是華盛頓特區，因而在 2014 年的耶誕佳節登上頭條新聞（見圖 4.3）。這一系列照片不僅令人驚嘆，更是難得的機會讓太空總署展示該署正在進行的人類活動對地球衝擊的評估成果，包括研究能源消耗在宗教儀式舉行時的變化——太空總署發現埃及開羅市在穆斯林齋戒月期間，也出現類似耶誕佳節的燈火變化。羅曼向記者表示：「如果要減少

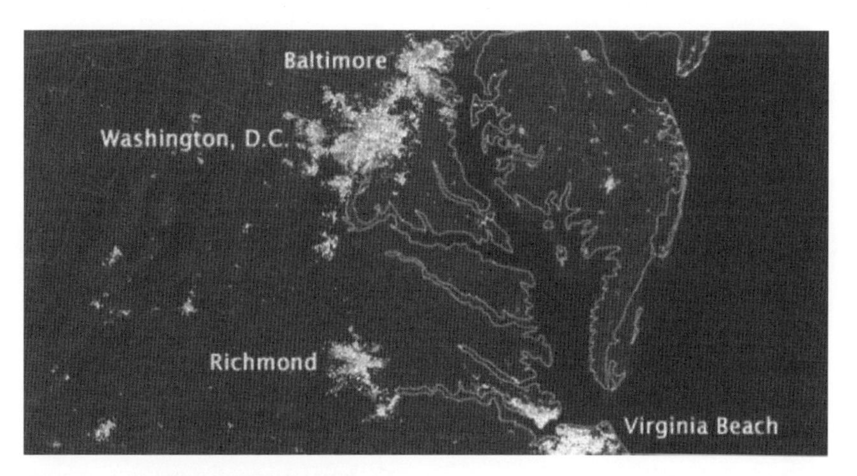

圖 4.3　太空視角觀看耶誕佳節燈火

來源：美國國家航空暨太空總署撰，「美國國家海洋及大氣總署（NOAA）/ 美國國家航空暨太空總署（NASA）的衛星讓人們一睹城市佳節燈火」（2014 年 12 月 16 日），擷取自：http://www.nasa.gov/content/goddard/satellite-sees-holiday-lights-brighten-cities。

（溫室氣體）排放，不能光是去開能源效率較好的車子，或是使用能源效率較好的電器用品而已，還必須去理解主流現象、都會中心人口的變化，以及社會文化脈絡如何影響能源利用決策[14]。」

當時全國各地都刊登了這篇很棒的應景新聞，一部分在談火箭學家如何從地球相關工作中創造出極爲有趣的攝影作品。這些佳節相片讓太空總署有機會去比較其他國家在別的宗教節日時，人類活動會帶來什麼樣的環境衝擊。這個契機也讓該署能夠深化一些基礎研究，像是評估溫室氣體對能源生產的影響，以及如何衡量替代照明機制對能源利用與對溫室氣體之生成的影響。這個絕佳案例說明了，軼聞與故事能夠帶向更大議題，而且在重要見解上的相關討論也會更加細緻。

當然，不是所有故事都像太空總署這則美東地區耶誕燈火的故事那麼動聽，或者有事實根據。區別騙人的故事及可信的故事是個大挑戰，尤其因爲某些假故事表面上看起來極爲可信，或者是人們**本來就希望**相信這種故事，就像先前提到的用骨隨移植來治療乳癌。不論如何，這場軼聞爭論仍然帶出兩個重點：首先，不論分析專家是否喜歡，軼聞永遠會比衆多經過同儕審查的分析結果還要能夠影響政策辯論走向。其次，既然軼聞威力如此強大，自然該去了解**好的**故事要怎麼說，並且察覺出哪些故事不好。

媒介資訊

不過，這並不容易，也不會自然而然發生。不光是資料不會不言而喻，連埋首複雜資料分析的專家所使用的特定用語，也很難讓非專家人士理解。多數時候，聽衆頂多懂得「平均」的概念；至於算術平均數、中位數、變異數、迴歸、t 檢定，以及其他顯著性檢定等概念，則無法引起共鳴。政策制定者多半想問的是：新構想能不能成功，或是舊構想要怎麼修補。分析專家像是火星人，政策制定者卻來自金星，兩者之間的距離天差地遠。這時得要有很複雜的橋梁，才能連接起最佳佐證及政策決策。

因此，推銷故事需要的是三向連結。首先是**供給面**：也就是分析專家擁有的資訊、資料及佐證。直接將資料倒在政策制定者面前是幾乎沒有用的，因為政策制定者鮮少受過自行解讀資訊意涵的訓練，也沒有太多時間這麼做，或在欠缺明確報酬的情況下，也罕有動機投入精力去做解讀。因此分析專家必須想出一套呈現的方法，讓政策制定者看到端上來的佐證時會進一步**想要**該佐證的資訊，也會想進一步**利用**。

再來，是**需求面**：也就是政策制定者在確立方向或變更方向之前會**希望**（或被勸說）擁有的資訊。分析專家總是忘記一件事：就算認為自己的分析多厲害，政策制定者在決策前其實沒有**非得要**一番分析不可。因此須要讓政策制定者**看見**佐證的價值所在，讓他們**想要**獲取佐證。

最後，就是**橋梁**：也就是串起供給需求雙方的中間人角色。市場上確實存在供給與需求的不同力道，然而二者多半時候不會自然而然彼此契合。搓合買家與賣家須要靠市場，總不能期待種植蔬果的農民會和想買新鮮番茄的消費者在路上自然相遇。這兩種人靠的是市場，不論是大型超市也好，小型農民市集也好；又例如，飢腸轆轆的食客與廚師，也需要一個能用錢交換美味食物的地方，不論是在五星餐廳，或是在路邊的餐車；或像是想買書的學生，也需要某個管道與出版社產生連結，不論是透過校園書店，或是透過像亞馬遜這樣的線上零售商。而亞馬遜本身也需要一連串別的中介服務，包含網路與送貨體系，像是 UPS、FedEx 快遞，以及自己旗下的貨車與貨機。

政策制定者和分析專家通常要透過中間人才能夠順利對接起來，而中間人指的是能創造對接的個別人員，甚至有時候得靠大批辦公室人馬協助推銷佐證，讓政策制定者曉得怎麼做會更好。中間人最重要的工作，一方面是去連結佐證到待解決的問題——佐證多半來源廣泛，而且得從學術資料裡挖掘；另一方面，則要去連結問題到能夠幫助解決問題的佐證——而問題往往複雜且動態。美國管理預算局（OMB）在 2017 年的一份分析文件中主張：「佐證與佐證的用途是密不可分的，至於決策時的佐證運用要能夠稱得上可信，就不光是要知道可以從特定資訊得出什麼結論，而且還要知道不能得出什麼結論〔15〕。」

學生債務就是其中一個議題，說明了對接資料供給與需求有多麼困難。2008 年爆發經濟危機後，剛踏入職場的畢業生所背負的債務金額再次上升（見圖 4.4）。隨著讀大學的開支增加，加上找工作更加困難，大學畢業生的負債重擔成爲美國年輕人及其家庭的一大問題。於是部分人士開始質疑讀大學是否值得。聯邦的政策制定者面對的大環境是赤字與國債雙雙上升，而學生債務的上升則帶給主政者一連串難題，包括聯邦政府應該實施多大的救濟措施，以及要用何種形式進行救濟。

爲了因應這些問題，歐巴馬政府推出大學評分表（College Scorecard），提供資訊讓學生及家長了解上大學的花費、大學畢業率、學生得背多少負債，以及大學畢業後的工作收入水平。美國預算管理局認爲這個作法「能夠讓學生在了解相關資訊後，就是否要讀大學、讀什麼大學等問題，做出更好、更符合個人教育與職涯目標的決定」〔16〕。此外，大學評分表的開放數據集還可以讓研究者探討其他

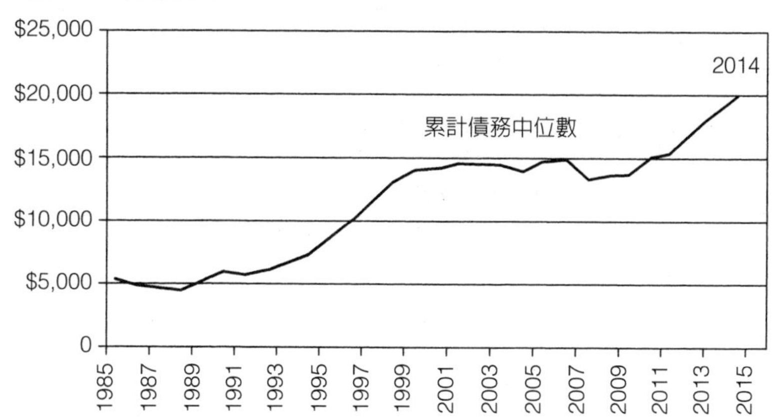

圖 4.4　學生背負就學貸款金額上升情形

來源：經濟顧問委員會著，《高等教育的投資：好處、挑戰及學生債務現況》（2016 年 7 月），頁 26，擷取自：https://www.whitehouse.gov/sites/default/files/page/files/20160718_cea_ student_debt.pdf。

議題，繼而協助所有家庭做出更好的大學就讀決定。大學評分表匯集來自教育部及交通部的資料，特別像是大學貸款、大學表現及稅務資料。這兩個部門各自擁有的資料都不足以讓人了解事情的全貌，但在資料串接或媒介者協助下，兩個部門的資料合併一起檢視，就能夠讓學生整理出最想要得到答案的問題，像是：大學花費究竟多高，究竟值不值得讀大學？同時也讓政策制定者了解到如何改進相關協助措施，以減輕大學生得經常面對的龐大貸款負擔。

大學評分表的網站上（https://collegescorecard.ed.gov）提供許多資料，揭露了像是哪些大學學費低廉，畢業後卻可收入豐沃（見圖 4.5）。同時也提供貸款與獎助金的資訊給學生及家長，更列出一些有意思的事實，例如：

下列大學值得你多加留意

- 23 所**低花費但畢業後高所得**的四年制大學
- 各州兩年制大學生**畢業後享高所得**的學校
- 30 所**畢業率高且花費低**的四年制大學
- 15 所**畢業率高且享高所得**的四年制公立大學

圖 4.5 美國教育部製作的大學評分表

來源：美國教育部著，「大學評分表」，擷取自：https://collegescorecard.ed.gov。

- 平均而言，擁有大學學歷的人，一生當中的收入會比只有高中學歷的人多出 100 萬美元。
- 部分學生有資格申請 5,775 美元的免費聯邦佩爾獎學金（Pell grants）以支應大學學費，而且還不須償還獎學金給政府。
- 30% 的大學生入學年齡至少 25 歲。

從這個網站，學子們可以依據學程類型、學校地點以及學校規模找出最適合自己的學校。

但這個網站也意味著蘊含大量的背景資料，包含許多大學生面臨負債節節上升等資訊。分析專家可以瀏覽網站提供的政策與技術性文件，也能夠下載爲數龐大的資料（截至 2016 年 3 月爲止，檔案量超過 212 百萬位元組（megabytes）；相較之下，美國預算管理局歷年來共 363 頁的聯邦預算圖表也才 1.8 百萬位元組而已）。由於這些資料是「開放的」——即任何人皆可取得——因此分析專家不論在哪裡，都可以用他們認爲能夠回答到問題的方式去過濾這些佐證資料。這些資料內容詳細豐富，來自多個數據集，而且可以用來推導出複雜的模型，像是田納西州州政府資助四年制大學的補助金公式（見圖4.6）。

$$F=\Big[W_{H24}\,(H24+0.4H24_A+0.4H24_P)+W_{H48}\,(H48+0.4H48_A+0.4H48_P)+$$
$$W_{H72}\,(H72+0.4H72_A+0.4H72_P)+W_D\,(D+0.4D_A+0.4D_P)+\frac{W_M M}{0.3}+$$
$$\frac{W_L L}{0.05}+\frac{W_R R}{20.000}+W_T T+\frac{W_Q Q}{0.02}+\frac{W_G G}{0.04}\Big]\times S$$

圖 4.6　田納西州以成果為導向的四年期大學補助公式

來源：美國教育部著，《運用聯邦政府資料衡量及改善美國高等教育機構之績效》（2015 年 9 月），頁 17，擷取自：https://collegescorecard.ed.gov/assets/UsingFederalDataTo-MeasureAndImprovePerformance.pdf。

這些資料後來引起一些學校之間的激烈比較及爭論。例如大學評分表計畫發現，對收入最低的學生而言，哥倫比亞大學的「淨費用」——即學生實際支付的費用——遠低於紐約大學。哥倫比亞大學畢業生的負債較低、學業完成率較高，而且收入顯著較高（見圖 4.7）。教育部並未批評任何學校，僅指出不同大學的學程適合不同學生。儘管如此，資料公布後仍引發全國上下的激辯：學生、家長、校方及政策制定者都在爭論如何因應國內學生債務加深的問題。

學生和家長想要知道的是上大學這筆投資划不划算——而且哪邊最能獲益；另一方面，大學院校則有壓力要去控制費用及改善教育商品。而聯邦政府則是持續投入數十億美元的補助與貸款。所有人都在設法增加大學的價值。資料則在背後扮演加強辯論的推手；這些資料不僅來自教育部的資料分析，也來自開放資料，進而讓其他分析專家能夠從中探索問題。一方面，有來自財政部及教育部檔案庫大量資料的供應；另一方面，所有角色都在提出這樣大量的需求，而教育部的大學評分表計畫則是整合供給與需求的中間人角色。

	最低收入學生的淨支出	完成學業後所背負學貸金額之中位數	學業完成率	收入的中位數
哥倫比亞大學	$8,086	$19,435	94%	$73,000
紐約大學	$25,441	$23,250	84%	$58,800

圖 4.7 哥倫比亞大學及紐約大學相關數據

來源：美國教育部著，《用更好的資訊帶來更好的大學抉擇及機構績效》（2015 年 9 月），頁 13，擷取自：https://collegescorecard.ed.gov/assets/BetterInformationForBetterCollegeChoiceAndInstitutionalPerformance.pdf。

讓人買單的故事

資料故事如果要讓人買單，得仰賴數個相輔相成的元素：要將分析專家用來解決問題的佐證，連結到政策制定者所須解決的問題，而且溝通的方式要能讓政策制定者理解解決方案，並且讓分析專家不偏離分析的效度。分析工作經常功虧一簣的原因出在專家總是扔下資料後，就認定政策制定者能夠看到專家所看到的。政策制定者經常無法領會資料，原因出在得面對極爲大量的資訊，不僅文字晦澀難懂，而且資訊有時彼此矛盾，很少清楚明白。至於公眾——這麼說吧，他們經常帶著犬儒消極的態度看待資料的爭論，認爲爭論的各方都在玩弄數字，爲自己立場背書，一般民眾根本就無法理解複雜數據背後的意義。

爲此，分析專家經常感到挫敗，畢竟他們整個職涯都致力於理解複雜現象，撰寫的論文都專注在重要問題，而且論文都經過同儕審查。如果政策制定者無法領會專家的建議、也不採取行動，這些專家或者會特別怪罪政策制定者，或者怪罪整個體系。專家很少會去自我反省，或是不曉得須要找到中間人協助，將研究成果轉換爲渴望行動的政策制定者可以採行的情報知識。此外，如同下一章會談到的，專家經常還會在過程中受到誘惑去販售特定資訊給黨派人馬。這不僅涉及更大的倫理問題，也會讓外界看待各方角色時更爲犬儒。

如同本章所見，這個難題不全然無解。只要用周全、聰明的方式，同樣也能將最複雜的資料推銷出去，包含火箭科學。不過這會須要去特別注重根本的語言挑戰，需要建立一個可以讓買家及賣家可以使用共通語言及共通立場的互動空間。反之，如果分析專家忽略自己一項最重要的工作就是去創造出溝通方式，用來清楚傳達想傳達的訊息，那麼即便是最簡單的事情也會變得混沌不清。

然而，要在政治體系中建立這樣的市場並且讓自己的聲音凌駕喧囂，絕非易事。所幸還是有克服挑戰的方法，將在第 5 章介紹。

◆ 本章注釋 ◆

〔1〕 Clive Thompson, "PowerPoint Makes You Dumb," *New York Times* (December 14, 2003), http:// www.nytimes.com/2003/12/14/ magazine/14POWER.html.

〔2〕 *Columbia* Accident Investigation Board, *Report Volume 1* (Washington, DC: Government Printing Office, 2003), 191, http:// s3.amazonaws.com/akamai .netstorage/ anon.nasa-global/ CAIB/CAIB_medres_full.pdf.

〔3〕 譯者注：根據愛德華 ‧ 塔夫迪的說法，此標題會誤導讀者以為在談隔熱瓦的損害；事實上標題在談的是選擇預測損害程度的測試模型。補充參考：http://www.shkaminski.com/Classes/Handouts/EngineeringbyViewgraphs.pdf

〔4〕 Noah Shachtman, "Military Faces Bandwidth Crunch," Wired (January 31, 2003), http:// archive.wired.com/techbiz/it/ news/2003/01/57420; 另請參閱 Richard Stiennon, "How PowerPoint Kicked Off a Revolution in Military Affairs," *Forbes*, http://www.forbes .com/sites/richardstiennon/ 2015/07/20/how-power-pointkicked-off-rma/#1fc6a1ca6a40.

〔5〕 Edward R. Tufte, "PowerPoint and Military Intelligence," http://www.edwardtufte.com/ bboard/q-and-a-fetch-msg?msg_ id=0000fv. 至於 PowerPoint 運用上的深刻批判，可參考 Edward R. Tufte, *The Cognitive Style of PowerPoint: Pitching out Corrupts within*, 2nd ed. (Cheshire, CT: Graphics Press, 2006).

〔6〕 "Self-Deprecating Bush Talks to Yale Grads," Fox News (May 21, 2001), http://www. foxnews .com/story/2001/05/21/selfdeprecating-bush-talks-to- yale-grads.html; and Dean Obeidallah, "How Obama Has Weaponized Wit," CNN (March 21, 2013), http:// www .cnn.com/2013/03/21/opinion/ obeidallah-presidential-jokes.

〔7〕 Judi Atkins and Alan Finlayson, "'. . . A 40-Year-Old Black Man Made the Point to Me': Everyday Knowledge and the Performance of Leadership in Contemporary British Politics," *Political Studies* 61 (2012), 161-167; Justin Parkinson, "Are Politicians Too Obsessed with Anecdotes?," BBC News (January 30, 2013), http:// www.bbc.com/news/ uk-politics- 20956126.

〔8〕 Matthew Dowd, "The Allure of an Anecdote," ABC News (October 29, 2013), http:// abcnews.go.com/Politics/allureanecdote/story?id=20719195.

〔9〕 "State and Local Perspectives on the Impact of the Data Explosion," *Government Business Council* (July 2016), http:// m.govexec.com/insights/flashpoll-series-data-management/? oref=NL.

〔10〕 Diana Furchtgott-Roth and Jared Meyer, "Obamacare Is a Horror Story for Young Americans," *National Review* (May 19, 2015), http://www.nationalreview.com/ article/418322/obamacare-horrorstory-young-americans-dianafurchtgott-roth-jared-meyer.

〔11〕 John E. McDonough, "Using and Misusing Anecdote in Policy Making," *Health Affairs*, 20 (January 2001), 207-212, http:// content.healthaffairs.org/ content/20/1/207.full.

〔12〕 Stephen Jay Gould, *Bully for Brontosaurus: Reflections in Natural History* (New York: W. W. Norton, 1992), 251.

〔13〕 Deborah A. Stone, *Policy Paradox: The Art of Political Decision Making*, 3rd ed. (New York: W. W. Norton, 2012).

〔14〕 Ed Mazza, "Christmas Lights Can Be Seen from Space by NASA Satellites," *Huffington Post* (December 17, 2014), http:// www.huffingtonpost.com/2014/ 12/17/christmas-lights-seenfrom-space_n_6338578.html.

〔15〕 U.S. Office of Management and Budget, "Building the Capacity to Produce and Use Evidence," in *Budget of the United States, Fiscal Year 2017: Analytical Perspectives* (Washington, DC: 2016), 69, https://www.gpo.gov/fdsys/pkg/ BUDGET-2017-PER/pdf/ BUDGET-2017-PER-4-3.pdf.

〔16〕 同上 , p. 75。

第5章

讓自己的聲音凌駕喧囂

沒有人曉得有多少美國人罹患過橋恐懼症（gephyrophobia）。你不見得聽過這個專有名詞，但很可能你或身邊朋友有過親身的感受，也就是怕橋。許多人開車行駛在動輒不只十層樓高的長橋，望著水深不見底的橋下，胃部不免一陣痙攣。有些怕橋的人甚至寧願多花幾個小時繞道而行。對管理橋梁的政府當局而言，過橋恐懼症可能會造成不小的麻煩，因爲有些駕駛會恐慌到在繁忙的橋上開到一半就停下來，不再前進。名列全美最可怕橋梁之一的契沙比克灣大橋（Chesapeake Bay Bridge）（長度超過四英里，最高點離水面十八層樓高），甚至出現收費代駕過橋的服務，僅因部分駕駛過度害怕不願自己開過去。至於密西根州的麥金拿克大橋（Mackinac Bridge）（位於該州的上半島與下半島之間，長度接近五英里，離水面高度約二十層樓高），該州州政府則提供免費代駕服務——駕駛只要將車子靠邊停，走到設在橋兩端的電話亭聯絡一聲即可。

如果你有過橋恐懼症，八成不敢繼續讀下去：沒有橋梁是永遠堅固的；事實上，密西根州公路業務當局表示：「一般橋梁在設計上都是使用壽命 30 年[1]。」麥金拿克大橋受惠於極爲良好的維護，因此可以在 2016 年度過 58 歲周年慶。就橋梁工程師的觀點，如果要讓橋梁保持在良好狀態，必須要在小問題惡化爲大麻煩之前，就去及早確實掌握相關狀況，以及哪些地方承受特別的應力。密西根州立大學教授尼薩・雷尼夫（Nizar Lajnef）爲了確認橋梁在承受風、溫度變化、交通流量等極大應力時的實際反應情形，大膽從橋上垂降安裝應力感應裝置到橋身。感應裝置本身十分智慧，能夠從橋上車輛來往的動能取得電能，而且可以用無線的方式將資料傳輸至資料蒐集站。一旦量產，感應裝置的售價一台只需一美元。教授早早就期待在離水面高達數百英尺處執行吊掛作業，聲稱「會很好玩」——只要能夠克服懼高症[2]。

雷尼夫所安裝的感應器屬於一項更大型發展的一部分，也就是**物聯網（Internet of things）**——過去網路是用來分享資訊，如今可以用來監視與控制物體。不光是能夠用智慧型手機當作遙控器操作電視及錄影機，消費者還可以購買「智慧恆溫器」控制居家溫度，即便人在世界另一端也能做控制；車子可以遠端發動，也能用智慧型手機操控吸塵器吸地板；還可購買擺在架上裝置，對它說話，即可要求機器做各種事情，像是打開電燈，乃至回答功課問題。許多政府都在跟隨社會的步伐，積極踏入物聯網的世界。例如，有些政府運用網路追蹤收垃圾的過程，即時繪製出最佳垃圾收集路線，讓垃圾車能夠更改路線去支援已滿載的垃圾車。荷蘭的智慧垃圾桶裝有晶片，讓管理人員可以預測垃圾桶什麼時候會裝滿。這樣就能避免在垃圾桶還沒裝滿的時候花錢去收垃圾，或者等到垃圾滿出來了才去收，造成不便。由於可以少出動一部分的垃圾車、行駛更少路程，加上排放更少污染，專家估計政府可以藉此省下 20% 的營運成本[3]。然而另一方面，用物聯網作惡的可怕程度也超乎想像。2016 年 10 月，駭客利用數位攝影機及相機發動攻擊，癱瘓網飛（Netflix）、推特（Twitter）、PayPal 等網站。如今從地下室就能攻擊 Xbox 遊戲機或隱藏式攝影機，進而癱瘓整個網路，因爲有太多裝置彼此連線——而這種連線狀態成爲電子破壞的一條路徑。

物聯網之外，有些政府也在實驗新方式去運用科技促進公民參與。加州的西沙加緬度市市長克里斯多福 · 卡巴頓（Christopher Cabaldon）表示，市政府參考交友軟體 Tinder，推出一套可讓市民對各種政策表達偏好的手機應用程式——向右滑，表示「喜歡」兩層樓、密度低的公寓矮房；向左滑，表示「喜歡」五層樓建築設計，一樓爲咖啡廳，畢竟大一點的建築能帶來更多人流[4]。

政府還可以運用**預測性分析**（**predictive analytics**）消除警方與社區居民之間的緊張關係。例如，在巴爾的摩市，某位員警被控訴朝向直駛而來的車輛開槍。該名員警過去也曾涉及另外兩件槍擊案件，亦有過度用武及騷擾的民衆申訴紀錄。美國司法部因此認爲巴爾的摩市警局「未能有效回應警訊，讓員警的眞實狀況確實揭露，或者能讓警局及時介入」[5]。各地警察局都在開發預警機制，去探勘各別警員的行爲資料、辨識未來潛在問題的跡象，以趕在小問題演變成大危機之前能夠介入處理。

芝加哥大學資料科學家萊怡德・甘尼（Rayid Ghani）說明：「整個概念就是從警局取得資料，然後協助警局預測哪些警員可能會出現不良事件。」「能夠及早偵測到不良事件嗎？如果可以，那麼能夠介入處理嗎——看是要用訓練，或是諮商？」目標在於創造多種演算法去探索警局的既有資料，辨識潛在問題，過濾各種基於申訴機制難免會出現的偏差，然後發展出一套策略，確保更能夠預測到潛在問題，並且找到最有效的介入措施。甘尼表示，這套策略還能夠運用在一系列在地議題上，像是幫助辛辛那堤市可以根據過去經驗判斷，接到救援電話時應該要派送哪些緊急醫療設備；或者讓雪城比較好決定城市主水管的維修預算該花在哪裡最有效益。他說：「我們認爲資料分析扮演的角色，是要讓許多預警機制得以設立，預防措施得以建立，而且讓資源的配置更爲有效，以及要比過去更加運用佐證，促使政策進步[6]。」

如今，地方政府能夠運用資料分析來判斷接獲虐童通報後，該如何進一步處置。郡政府是這類案件的主責層級，然而沒有一個郡有足夠人力接聽通報電話。漏聽任何一通電話都可能會讓孩童陷入險境。在賓州艾根尼郡服務的美國衛生與公共服務部官員艾琳 · 達頓（Erin Dalton）就說：「通報量實在太大了，可想而知做決定的時間有多短。」郡政府除了靠檢視家庭過去歷史紀錄外，還會利用資料工具從動輒數十億筆資料的資料庫挖掘資訊。這個資料庫可以用來產生**家戶篩檢分數**，分數愈高，發生問題的機會就愈大。該郡的美國衛生與公共服務部主任馬克 · 徹納（Marc Cherna）說：「凡是能夠幫助改進決策的事，都很值得。」「尤其像是這種前端的措施，因為能夠拯救孩童性命。」不過，全美兒童保護革新聯盟理事長李察 · 韋克斯勒（Richard Wexler）說，資料分析在使用上也可能帶來很大風險，因爲「會進一步擴大原本兒童福利中既存的偏見，非常危險」。他表示，有些制度很有可能會加深種族偏見[7]。

如何曉得我們知道些什麼

隨著更智慧的裝置 —— 以及更聰明的專家 —— 的出現，人們肯定更能夠了解該怎麼做才最爲理想。但是科技的進步同時引發一連串大問題。若要了解究竟我們知道些什麼，就必須逐一檢視以下這五項課題。

謙卑

先從第一章提過的重要一課說起：決策者其實並不需要分析專家告訴他們該怎麼做。這一點可以從選舉的過程獲得強力論證：政治人物直接面對選民，提出訴求，並且獲得足夠選票取得公職。沒有什麼會比站在群眾面前表達訴求、獲得熱情的回應，並且利用這樣的支持增進信心去主張特定政策構想還要獨特。這一切可以靠著強力修辭以及智慧型手機上的推特（Twitter）應用程式得到實現。誰說一定要倚靠政策分析、厚重的政策指南、詳盡計畫，甚至是特定提案書才能辦得到。2015 年 6 月，川普在他那棟川普大樓，乘著手扶梯到大廳宣布正式參選美國總統大選時，多數預測人士認爲這不過是川普的另一集實境秀罷了。然而後來他卻贏過十六名共和黨黨內對手，最終獲得總統候選人提名，而且競選團隊成員只有七十人——僅是對手希拉蕊獲得民主黨總統參選人提名所動用人數的十分之一。多數時候，川普身邊沒有人負責做民調，而且經常是在前往競選造勢城鎮的飛行途中草擬講稿，偶而甚至是直到飛機準備進場降落的時候才寫。當時沒有人料得到川普能夠靠這招策略贏得選戰——恐怕連川普本人也始料未及。

政策分析專家須要學會謙卑、再謙卑。政客基本上不需要專家。但這並不是說，懂得更多知識且依靠知識無法讓決策或整個世界變得更好。艾莉絲 ‧ 李芙琳（Alice Rivlin）曾經擔任詹森總統（Lyndon B. Johnson）[8]「對抗貧窮」計畫要職、美國國會預算局創始局長、白宮管理預算局局長，以及聯邦準備理事會副主席；職涯之初，她是個充滿幹勁的分析專家，深信「只要做對的事，就很可能可以削減貧窮、提升低收入戶孩童受教育的成效，以及改善醫療服務。然而事實證明，問題遠較這位熱情的年輕人所想的棘手許多」[9]。

李芙琳這番話充滿智慧，對於想精進知識、做得更好的熱情人們，是一個很務實的提點。通常問題最後會變得比剛開始看的時候複雜許多，而且答案不會像分析專家想的那麼容易。政策制定者可以只堅持在一些方向上——不論是對抗貧窮也好，或是選校議題也好——因爲這些大議題看起來就是正確且該做的事。即使分析結果不見得每次都會贊同這樣的作法，但過去選戰經驗告訴他們這樣做沒有錯。稍後會再認識到，分析專家其實永遠沒有辦法肯定自己的見解是對的。

因此在決策時刻，決策者經常密切關注風向，選擇感覺對的那條路走，而不管是否有分析在背後支撐。於是分析專家在開始幹活之前須要非常謙卑。他們的工作確實寶貴無價，但坦白說，決策者其實不需要這些分析。美國有線電視新聞網（CNN）創辦人泰德 · 透納（Ted Turner）曾經說過的一句妙語，充分突顯這個重點：「如果當初我能謙卑一點，就是完人了[10]。」

不確定性

人謙卑一點就更能夠理解不確定性，特別是那些知道的不知道，以及不知道的不知道。專家總是想在重要問題上求得解答，然而通常問題愈是重要，答案會愈不確定。貧窮的肇因爲何，如何消除貧窮？該如何處理收入不平等的現象？即便是較爲單純的問題，答案也不見得很確定。例如，最理想的剷雪方式是什麼？舉個例：2016 年元月 21 日，華府地區積雪厚約一英寸，看在對雪很內行的中西部人眼裡，上千名駕駛陷入車陣實在很可笑。平常不到一小時的公路車程，當天竟得花上至少九小時。有些駕駛隔日向朋友說，自己利用困在車陣中的時間用手機追完一整集的《冰與火之歌：權力遊戲》。有人直到半夜三點才回到家。甚至從底特律回來的總統歐巴馬也無法倖免；通常，總統會搭直升機返回白宮，但當時因爲暴風雪的關係無法搭機，只得改乘總統專車。就算有警車開道，原本半小時的車程，還是花了七十四分鐘，中途總統座車更差一點打滑發生意外[11]。有駕駛直指政府「無能」。市長穆里爾 · 包瑟（Muriel Bowser）最後道歉並承認市政府的反應「不妥」[12]。

這場混亂的原因出在哪？並非氣象單位沒有預見暴風雪即將來襲，先前有預測到小雪——但氣象單位更加關注的，是幾天後才會來襲的大風雪。公路管理當局不認爲一英寸的積雪會造成混亂，因此未事先處理路面。由於氣溫始終在冰點徘徊，尖峰時刻下起小雪，源源不絕的車流又將地上積雪輾壓成冰，此時才出動設備去處理最嚴重的堵塞路段時，爲時已晚。延伸到白宮的這場混亂，肇因於不確定一英吋薄的雪會產生什麼後果，以及氣象單位與交通部門官員只關注後面那場大風雪，忽略眼前的這場小雪。

從這個案例，可以得到幾個重要教訓。首先，**人們無法無所不知**。問題不在於電腦模型沒有預測到會下雪，而是專家不認爲小雪會造成大混亂。華府當地的駕駛又以不擅長雪地駕駛出名，看到下雪人就慌了。但都遭遇這樣不幸了，能怪他們嗎？在首都周邊車流始終繁忙的情況下，小問題都可能造成大延誤。看在中西部人眼裡不算什麼的小雪也可能釀成大危機，特別是在冬天，氣溫經常徘徊在冰點，即使下起小雪也能讓馬路變成寸步難行的光滑冰面。

其次，**就算是熟悉的事，也無法確定會不會有例外發生**。道路工程師曾經發明一項技法，在風雪來臨前噴灑甜菜汁到路面，可以防範風雪初期幾個小時路面結冰。可是在這次風雪事件，有關單位不認爲有必要採取這種措施，因爲根據經驗判斷，覺得出現交通混亂的機會很低。通常他們的判斷都對，但是這次卻失準。

第三，**有時候認知搞錯方向**。後來那場大風雪確實襲擊首都。就在元月 21 日小風雪來臨的前一日，氣象單位關注的是兩天後可能會來襲的「超大風雪」，並且預測會帶給首都厚達十二到二十英吋的積雪[13]。的確，大風雪準時報到，而且規模龐大，甚至超乎氣象單位的預料。市中心的降雪高達十八至二十四英吋厚，連對雪司空見慣的中西部人都會認爲這是怪獸等級的風暴。氣象預報正確掌握到來襲的時間，卻低估規模。而且專注在即將來襲的大風雪的同時，忽略了會先來臨的小風雪，最後造成一場混亂。

第四，**不同認知之間，有時會扞格不入**。華府都會區的公路單位有幹練的專家，對整個區域、天氣、錯綜複雜的公路網瞭若指掌。按照過去經驗，認定一英寸左右的降雪不值得出動大量除雪機具，認爲沒有太多雪可剷，也沒有必要花錢噴灑化學藥劑，覺得車流量一大，雪就會自然融化。經驗告訴他們，還是專注在即將來襲的超級風暴比較實在。直到接到駕駛的憤怒電話，聽到有些人四小時才前進一英里時，才驚覺自己錯了。

政策分析專家很努力想確定什麼才是處理不確定性的最好方法。他們會先假定，面對不同數據時，很難判斷哪個比較可信。同時又知道處理一組數據（像是貧困家戶的福利給付）與另一組數據（像是貧困家戶成員捨棄福利去找工作的可能性）之間的關聯性時，必須十分謹慎。專家在主張因果關係時非常謹慎：所謂因果關係，就是某個政策的改變，造成特定效果。這就是統計分析的核心，也是企圖找出政策難題的最佳解決方案的重點——一切和不確定性的管控脫不了關係。

但是在統計問題的背後，總是存在著華府一英寸冰雪風暴這種難題。即便政策難題再單純，不確定性依舊很大；那麼政府官員究竟該如何因應？

公平

更何況，在認知的過程中，不是所有人都被公平對待。問題一部分出在取用（access）的機會。當公民與政府之間的連結愈是依賴科技，唯有讓公民都能取用科技時，才能確保待遇平等。如今，網路比起早期普及許多；早期多半只有有錢人才能取得網路，而且網路連線快慢良窳的價差極大。根據皮尤研究中心 2013 年的調查顯示，現在多數學校都有高速網路，70% 的成人住家裝有寬頻。不過，從下列各種類別可以看出，取用網路的機會差異還是很大：

- **按教育程度區分**。大學畢業的民眾，89% 家裡有寬頻網路；高中畢業者只有 37% 有寬頻。
- **按種族及族群區分**。74% 的白人有寬頻網路，黑人 64%，西班牙裔 53%。
- **按收入區分**。不意外，年收入高於 75,000 美元的家庭，88% 有寬頻網路；年收入低於 30,000 美元的家庭只有 54% 有寬頻。
- **按都會／郊區／鄉村區分**。郊區家戶擁有網路的百分比最高，達 73%；都會家戶為 70%，而鄉村地區家戶為 62%[14]。

智慧型手機的普及可望縮小前述差距。皮尤研究中心的研究指出，56% 的美國人有智慧型手機，10% 的人有智慧型手機但無法上網。這表示家裡就算沒有寬頻網路，也可以透過手機服務業者連上網路。對黑人與拉丁裔族群而言，這點特別重要。皮尤也發現到，智慧型手機幾乎消除了寬頻網路的使用落差，可是還是有 20% 的美國人沒有寬頻網路，也沒有智慧型手機——因此仍身處於成長快速的網路世界之外，也無法取得政府透過網路向人民提供的服務[15]。雖然智慧型手機和寬頻比起以前更為普及，科技落差逐漸縮小，但是落差依舊存在。所以不論在認知策略，或在政府與公民的連結措施的擬定上，都不能忘記這個前提，也就是網路還不算是人人平等的工具。

除了取用的公平性是個挑戰，另一個挑戰則是資料運用對平等產生的效果。部落客凱西・歐尼爾（Cathy O'Neil）在「數學嬌娃」（Mathbabe）部落格特別提到資料分析的「毛骨悚然模型」，尤其是「大數據」數學模型。據指出，某間公司利用公開可取得的資料，預測出每間公司最可能離職的員工，並將這份清單提供給雇主。別的公司則是利用人工智慧嘗試預測訴訟結果。作者於是自問：「這樣有可能出錯嗎？」[16] 答案是：會，因爲再嚴謹的統計模型，如果根據的前提假定不可靠——有時候甚至是錯的——那麼所得出的重要結論就會變成所謂的「數學毀滅性武器」[17]。

歐尼爾認爲資料分析和大數據會加劇不平等。以累犯的模型爲例，這個模型是要用來預測哪些犯罪人的再犯機率最高，但是「模型將住在貧困社區的人貼上高風險的標籤，因此刑期較長」，「導致惡性循環」。而且這種模型還會強化警方的固有行爲模式，加深警方與貧困社區居民的緊張關係[18]。

資料分析不僅會對窮人不利，還會對職場女性不利。歐尼爾指出，某間舊金山的新創公司就將應徵者的社會資本進行量化，當作是否聘用的參考指標。其中一種計分方式，是看應徵者是否會瀏覽某個日本漫畫網站。歐尼爾認爲，許多女性覺得網站帶有情色成分而不願意上去，因此在評分過程處於不利。她又說：

> 某家電機工程公司想找工程師，但在開發演算法用來協助聘僱決策時，須要先給成功下定義。於是公司根據過去資料，將成功定義爲任職兩年以上，而且至少升遷過一次。但從公司過去資料來看，從來沒有女性滿足這兩個條件，於是演算法就認定女性永遠不會成功。

一旦用過去的資料當作決策未來的依據，有可能會形成自我應驗的預言。她認爲：「如果我們把決策過程交給電腦代爲操作，而且電腦只看過去資料，那麼歷史只會重複上演。」「這簡直無法接受。」[19]

運用資料——尤其是運用大數據——的確可以大幅增進我們對事物的認識。但有時候資料來源會伴隨著偏差，像是誰會在線上看漫畫，以及看什麼漫畫。有時候偏差則是來自資料處理的方式，像是設立的預測模型會對特定對象有利。

聰明的分析專家經常認爲自己有能耐妥善處理公平性的問題，但實際上問題比看起來還要困難。有時候偏差是天生存在的，而且很難讓人一眼看穿。像是用網路或電話進行民調，就必然會排除掉一些調查對象。有些則是政策本身就可能存在偏差，導致所產生的資料也有偏差，例如警局的種族定性（racial profiling）政策。

這種問題難以避免，人不可能無所不知。問題愈是複雜，而且提供的資料愈多，專家就愈是須要去決定該把力氣專注在哪個地方。每次多納入一點資訊的時候，剩下的資訊就被排除，而這無可避免會涉及人爲判斷去決定哪些事情最重要，以及哪些事情可以先擱置。如果凡事都不經過篩選，專家將會動彈不得，而每次篩選的依據就是價值觀。價值觀幾乎永遠伴隨著偏差，有時偏差人人皆知，多數時候卻察覺不到。大數據雖然開啓許多可能性，但也帶來許多大問題。

因此，分析專家不能期待研究分析可以維持「價值中立」；縱使如此，優秀的專家能夠做的，是去細心檢視研究分析背後依據的價值觀，並且坦白說明分析受到哪些價值觀影響，以及哪些資料被納入考量、哪些沒被納入。

倫理

正因爲價值觀是影響分析的重要因素，人常會忍不住去扭曲分析以順應價值觀。大部分議題都難不倒聰明的分析專家，他們還可以從任何角度幫這些議題找到論據——實際上也會這麼做。要麼把焦點放在某某前提假設，要麼就多著墨在某某資料；只要是利益團體想推動的政治決策，都有可能找得到合理化的論據。何況分析是要收費的；總得有人付錢請專家蒐集資料、分析資料、撰寫報告、製作簡報投影片、和同陣營的人默默接觸、琢磨新聞稿、製作具說服力的圖表等，凡是能夠讓分析顯得強大的事，全都得做。而專家通常知道誰是背後金主，知道他們偏好什麼樣的結論，於是很可能會忍不住從金主想推動的角度提供論據火力；當專家的雇主剛好也是金主的時候，前述情形尤其可能會發生，因爲即使不明說，專家也會曉得面對問題必須提供「正確答案」，才能保住飯碗並且獲得升遷。大膽挑戰困難問題並且追求眞實答案是一回事；但當專家有房租要付，有孩子要養，有就學貸款要還的時候，情況就變得比較複雜——雇主想要什麼樣的答案，專家了然於胸。

美國傳統基金會（Heritage Foundation）的觀點偏保守，反觀美國進步政策研究所（Progressive Policy Institute）的觀點則偏左派；雙方陣營的專家在觀看相同的聯邦預算資料時，明明是同樣數據，結論卻會迥然不同。在州立法層級，情況也一樣：右派的美國立法交流委員會（American Legislative Exchange Council）及塞拉山友會（Sierra Club）的主張往往沒有交集。替勞工效力的專家，和替業主效力的專家，雙方爭論往往激烈；同樣情況還會發生在關心氣候變遷的專家，以及關心就業的專家之間；或是介於代表國防工業利益的專家，以及主張削減軍事規模的專家之間。

當然，不是說任何分析都純粹反映背後資助該分析的組織觀點，也不是說分析專家完全只會揣摩上意。大部分的組織，許多專家看事情的角度是雷同的，也才會進入相同的組織工作。沒有人會想在強烈不認同的組織工作——或者會想得到這樣的工作，或是想保有這種工作。替世界自然基金會（World Wildlife Fund）工作的人都想保護動物；想去地方商會工作的人，會想幫助企業成長。所謂的團體迷思（groupthink），事實上能夠幫助過濾這些分析專家看問題的角度、過濾集體最信任的資訊、篩選最合理的前提假設，以及過濾所得出的結論[20]。

分析專家並不見得**總是**得在此般狹隘的設定架構下從事分析。有些金主要求的是創新獨特的思考，樂意放手讓分析專家憑藉資料從事分析。有時候金主想要的東西並不明確，於是對專家不設太多限制，期待這樣能夠產生突破性的創新想法。然而，多半時候資料來自組織，本身就帶有既定或者可以預見的觀點。此時專家的義務究竟是什麼：是要說金主想聽的話呢？還是依據自己的最佳判斷行事，即使結論不符合金主的期待？遇到這種情形，理想主義者多半會主張專家應該要幾分證據，說幾分話；可是現實可沒那麼簡單。一來，為了達成金主想聽的結論，專家可能須要捨棄一些資料證據，同時增加其他前提假定，這會讓專家覺得自己是個馬屁精；但二來，專家又清楚如果呈給金主的結論「不正確」，飯碗恐將不保。這類基本倫理問題，往往尖銳又嚴肅。

分析專家該怎麼做才對？尤其當抉擇會對經濟損益造成深遠的影響？包括要靠收入來支付房貸、買車，以及日常花費。當然，專家得照照鏡子，捫心自問良心是否過得去。每位專家都有自己的價值觀，依據價值觀構成道德指南。他們通常也會和所服務的組織有著相同價值觀。而這些都是自我反省時的重要線索。

還有另一個重要地方，是分析專家能夠貢獻所長的。即使專家曉得老闆偏好的結論，可別忘記某處可能藏著某個隱密問題，會讓專家及金主大感意外。有時候專家最大的貢獻，在於清楚指出（至少對內說明）所依據的前提假設以及潛在爭議有可能會破壞研究結論，以及反對陣營會如何攻擊我方陣營的分析成果。就算組織一開始針對結論已先畫好靶，專家也明白自己的職責就是提供充足的箭射向這個靶，但起碼專家在過程中能夠偵測到足以損害結論的引爆線。就這一點而言，即可顯現出專家的莫大價值。

華府某個重要利益團體的領袖曾經告訴我，他手下最有價值的分析專家，技術能力或統計能力並非最為頂尖。讓他最為讚賞的專家，反而是懂得看一份研究，然後挑戰研究結論的人，不論研究是不是來自自己的組織。這位領袖提到某天深夜，手下一名專家興致勃勃寄來電子郵件，這名專家花費數週時間研究對手的那份強大研究究竟如何得出與我方陣營完全相反的結論。「我發現了！」專家向這位領袖說明可以（也應該）去挑戰對手研究的哪個前提假設。一旦抽走對方的前提假設，原本的研究結論就會像疊疊樂一般，瞬間倒塌。

分析專家對自身價值觀負有倫理責任，也有倫理義務不去暗中破壞業主的立場。但這不代表就得盲目追求事先預設的結論，而是須要清楚全面了解到在從事分析的過程中，每一關鍵抉擇背後代表的價值意涵——像是研究分析會怎樣因為微調前提假設，或是微調統計檢定，而導致出現特定價值立場的結論。能夠從專家身上受惠的另一點是，專家可以幫助整個組織了解別的陣營的分析，是如何也在刻意（或非刻意）做相同的事。不論哪個組織，高層都不會樂見自家的分析成果被他方突襲，繼而暴露出先前未曾探討過的弱點。反之，高層所樂見的是自家分析人員找到對手陣營研究成果的弱點。簡而言之，就是別告訴對手所想知道的，而是要告訴對手會扼腕早該知道的，而且要攻其不備，讓其大感意外。

面對以上難題，解決之道不是設法讓自己不偏頗，因爲不可能做到不偏頗，而是要讓價值影響分析這件事攤開在陽光下。重點在於透明，而非中立不偏頗。這才是複雜熱議的論戰中，人人所該具備的倫理行爲的高度。

隱私

不過，透明這件事如果是諸多認知挑戰的核心，又該如何因應隱私的要求呢？知道更多往往風險就是知道得太多，尤其是知道人人會希望保密的事情。許多智慧型手機及臉書（Facebook）的用戶都後悔該早一點意識到這件事，因爲資訊一旦上傳網路後，撤下的可能性就微乎其微。而且資訊一旦發布出去，就幾乎無法管控資訊如何被利用：輕則照片隨意亂傳，重則個人資料從政府網站上遭到竊取。

隨著資訊革命與大數據的來臨，加上政府更加頻繁運用資訊協助決策的關係，難題也跟著大量增加。像是維護政府所蒐集的資訊安全，就是一個問題。以前曾經發生過至少二千五百萬筆現任或前任政府員工及家庭個資，遭到疑似中國網路駭客竊取的事件。美國聯邦人事管理局當初蒐集這些個資的用意，一部分是作爲求職的背景查核，然而卻未能確保個資系統免遭外人入侵，導致國會議員乃至公務人員的小孩個資外流。

2016 年上映的電影《神鬼駭客：史諾登》（*Snowden*），在講愛德華 · 史諾登（Edward Snowden）洩露美國國家安全局蒐集美國人民通話紀錄的秘密，引發社會激辯。美國國安局並非蒐集每一通電話的通話內容，而是追蹤通話人及通話對象這種後設資料，希望藉此找到可能用手機聯繫、並且打算策劃恐怖攻擊的恐怖分子。史諾登從政府以及雇主博思艾倫漢密爾頓公司（Booz Allen Hamilton）那裡竊取這些資訊，再洩密給記者刊登報導在英國《衛報》（*The Guardian*）及美國的《華盛頓郵報》（*Washington Post*）。（美國國安局位於馬里蘭州的米德堡，離華府不遠，更讓這件事顯得複雜。史諾登雖然以私人承包商的員工身分從事政府專案，但工作地點卻在夏威夷。爲了獲得權限取得資料，必須通過政府的安全許可，而負責安全許可的又是另一私人承包商。至於史諾登掌握到的後設資料，是國安局從私人電信業者那裡蒐集到的。這般糾纏的關係，說明了要去定義及解決衆多政策難題當中核心的倫理問題，有多麼的困難。）外界有人稱讚史諾登是個英雄，因爲公開政府各式各樣的窺探伎倆；有人卻譴責他是個叛徒，不僅違背保密誓言，而且還洩露政府情報蒐集系統的運作方式；也有人認爲二者兼具。所有這些觀點立場都屬於隱私議題。

地位愈來愈重要的物聯網，同樣也引發重要的隱私問題。利用物聯網追蹤各個地方政府的垃圾車與剷雪車的動向也就罷了；但一想到政府要利用物聯網科技設置「智慧」垃圾桶來記錄人民都扔些什麼垃圾，這個構想可就令人作嘔。隨著物聯網發展下去，這類憂慮肯定會只增不減。

到頭來，我們會形成一些關於大數據的基本隱私問題。像是：是否可以讓雇主追蹤我都在上哪些網站、追蹤我完成線上專案的速度，蒐集我的工作模式進行大數據分析，然後讓他找出增進生產力的有效策略？又或者，民衆在 Yelp 應用程式上的留言不僅不用經過審查，而且內容不見得屬實，那麼餐廳店家該不該擔心地方政府的餐廳查驗單位會依據這類留言，進而鎖定特定餐廳登門拜訪呢？而且，可別以為只有政府在追蹤別人；Google Trends 能夠從世界各地的電腦，即時追蹤政府電腦的搜尋紀錄。（當我在秋天的某個周六下午寫下這段文字時，Google 前十大搜尋關鍵字中，就有八筆與大學足球有關；但在前一天，最熱門搜尋關鍵字則是史諾登。）有線電視業者能夠掌握用戶在看哪些節目，智慧型手機業者則曉得用戶都在聽什麼音樂；我的手機有個功能可以定位我停車的地點（即便我沒有特別開啓追蹤功能）。如果我忘記車子停在哪裡（很有可能發生），這時地圖的定位就很方便。問題是，我們所留下的豐富資料軌跡，有什麼——或者可能會有什麼——更大的用處？政府如果取得這些資料，會做些什麼事？又或者，政府有什麼樣的義務去制定第三方利用這些資料時的防護措施？

坦白說，這些問題沒有好答案。事實上，我們觸及到的難題只是皮毛而已。但有兩件事是確定的：一、這類問題肯定會隨大數據相關應用的擴散而更頻繁出現，並且重要性與日俱增。二、處理這類問題的第一步就是公開透明。即便現在無法曉得問題的答案，公開透明至少可以讓我們追蹤並且理解這些問題。

讓自己的聲音凌駕喧囂

資料的世界未來肯定只會更加繁忙，也更加吵雜，沒有可能走回頭路。真正的挑戰在於注意要往哪兒走、如何善用所蒐集的資料去改進政府的運作，以及如何確保繼續做資料的主人——確保資料向我們負責，而不是我們受資料主宰。面對這些問題，需要獨到敏銳／犀利的洞見，才能夠讓我們的聲音凌駕喧囂，確保資料會幫助我們懂得更多。

這個問題看似簡單，實則不然。哈佛大學學者凱斯 · 桑斯汀（Cass Sunstein）和同僚曾經探討過一個基本問題：如果公民獲得更多資訊，他們對事情的看法會因此有所改變嗎？桑斯汀等人將這個疑問放在一個很大、也很重要的議題下進行檢視：氣候變遷。他們訪問超過三百名美國人，調查他們對各種重要氣候變遷議題的看法，像是：認不認同氣候變遷是人類造成的，或者是否覺得美國當初應該表態支持 2016 年巴黎協議，減少溫室氣體的排放。桑斯汀等人納悶的是：「人們對事情的看法，會因爲看到數據而有所變化嗎？」仔細檢視後，他們總結認爲：「明顯有所變化 —— 變得更加分裂。」一般也許會認爲，更多更好的研究報告，有助於建立更有力的共識。但事實上，有時似乎反而只是促使政治更加兩極化。

任何分析研究通常同時會有好消息及壞消息等正反兩面。支持特定計畫的人，會傾向專注在好消息的部分；而反方則會傾向去關注壞消息。此外，桑斯汀和他的團隊告訴我們：「隨著資訊量增加，看法肯定也會更加兩極。」這個結論雖然讓人灰心，不過好消息是：至少多數人民有意願去關注資料寫些什麼，而一旦關注資料，就有意願去調整自己的看法，即便調整只是一點點[21]。

於是，這又引領我們回到本書一開頭所談的，外界經常有一股很強的信念，認爲政府面對種種困難議題時，解方在於知道更多資訊，以及知道更好的資訊。尤其是分析專家，特別相信必須要有更多、更好的分析研究。當然在某種層面，不得不認同這個論點，如同瑪雅 · 安傑洛那句力量與詩意兼具的句子所言 ——「若我們懂愈多，我們就可以做更好」—— 這個觀點始終貫穿政策分析這項工作。

正因如此，21 世紀應該會是政府的黃金時代。身處資訊時代，資料量增加的幅度幾乎大到讓人難以同步跟上或理解，尤其是政府關注的重大議題所產生的資料量。大數據則提供無窮的新興機會，去探求新興問題的解答。不過人民對政府的信任仍然偏低，而且社會更加兩極化。這難道代表我們就該放棄嗎——或者不管倫理的顧慮，乾脆看誰出的價碼最高，就替他效力，他想要什麼分析就提供給他嗎？

所幸，從本書的說明可見，我們不見得唯有變得憤世嫉俗一途。更好的資訊往往能夠促進更有效能的政府，但要理解這不是一條好走的路。決策者並非一定需要分析專家的資訊不可，這是必須謹記在心的第一步。其次，爲了讓資訊能夠產生效用，資訊須要用清楚且具說服力的方式呈現；要能夠提供決策者需要的解答，並且要認識到這整個過程攸關的是政治這件事，而非分析本身。從過去到現在，不論在數量上或質量上，統計模型的開發都已取得長足進展；但其實我們靠著一小塊、一小塊去消化大數據，也能取得重大進展，即便這種方法某種程度而言不被重視。故事的發展終究會是光明且充滿希望——至少有技能且掌握價值觀的人，可以好好說出這樣的故事。

◆ 本章注釋 ◆

〔1〕 Michigan Department of Transportation, "Bridges," http://www.michigan.gov/mdot/0,4616,7-151-1399528274—F,00.html.

〔2〕 Kathleen Lavey, "Mackinac Bridge to Be Test Site for Stress Sensors," *Lansing State Journal* (September 3, 2016), http://www .lansingstatejournal.com/story/ news/local/2016/09/03/ mackinac-bridge-test-site-stresssensors/89830524.

〔3〕 Lindsey Clark, "Waste and Traffic Management Apps Come from Internet of Things," *ComputerWeekly* (March 2015), http://www.computerweekly .com/feature/Waste-and-trafficmanagement-applications-comefrom-Internet-of-Things.

〔4〕 "Dating App Technology Could Increase Local Voter Engagement" (August 23, 2016), https://www.youtube.com/ watch?v=28wI7QOg91o.

〔5〕 Kimbriell Kelly, "Can Big Data Stop Bad Cops?" *Washington Post* (August 21, 2016), https:// www.washingtonpost.com/ investigations/can-big-data-stopbad-cops/2016/08/21/12db07283fb6-11e6-a66f-aa6c1883b6b1_ story.html?utm_term=.d7a4ebe379b6.

〔6〕 "Can Big Data Help Head Off Police Misconduct?" *National Public Radio* (July 19, 2016), http://www.npr.org/sections/ alltechconsidered/2016/07/19/ 486499835/can-big-data-helphead-off-police-misconduct.

〔7〕 Bill Lucia, "As Child Welfare Agencies Turn to Data Analytics 'We Have to Be Really Careful'" *Route Fifty* (September 28, 2016), http://www.routefifty.com/ 2016/09/child-welfare-predictiveanalytics/131897/?oref=rftoday-nl.

〔8〕 譯者注：詹森總統（ Lyndon B. Johnson），美國第 36 任總統，在任期間 1963-1969 年。

〔9〕 Alive Rivlin, *Systematic Thinking for Social Action*, new ed. (Washington, D.C.: Brookings Institution, 2015), xi.

〔10〕 "Ted Turner Quotes," Brainy Quote, http://www.brainyquote .com/quotes/quotes/t/tedturner162256.html.

〔11〕 Gregory Korte, "Even Obama's Motorcade Was Stalled by D.C. Snow," *USA Today* (January 21, 2016), http://www .usatoday.com/story/news/ politics/theoval/2016/01/21/obamas-motorcade-also-stalleddc-snow/79123558.

〔12〕 Fred Barbash and Justin Wm. Moyer, "An Inch of Snow, Icy Roads Unleash 9 Hours of Traffic Chaos across D.C. Region," *Washington Post* (January 21, 2016), https://www.washington post.com/news/morning-mix/ wp/2016/01/21/an-inch-of-snowicy-roads-unleash-9-hours-oftraffic-chaos-across-d-c-region.

〔13〕 Dan Stillman, "Models Continue to Show Massive Snowstorm Starting Midday Friday,"

Washington Post (January 20, 2016), https://www.washington post.com/news/capital-weathergang/wp/2016/01/20/model-liveblog-honing-in-on-the-detailsof-a-huge-winter-storm.

【14】 Kathryn Zickuhr and Aaron Smith, "Home Broadband 2013" (Washington, DC: Pew Research Center, 2013), http://www .pewinternet.org/2013/08/26/ home-broadband-2013.

【15】 同上。

【16】 Cathy O'Neil, "More Creepy Models," Mathbabe (September 13, 2016), https://mathbabe.org/2016/09/13/ more-creepy-models-2.

【17】 Cathy O'Neil, *Weapons of Math Destruction: How Big Data Increases Inequality and Threatens Democracy* (New York: Crown, 2016).

【18】 引述自 Priya Rao, "Math Is Biased against Women and the Poor, According to a Former Math Professor," *New York* (September 6, 2016), http:// nymag.com/thecut/2016/09/cathy-oneils-weapons-of-mathdestruction-math-is-biased.html.

【19】 同上。

【20】 Cass Sunstein and Reid Hastie, *Wiser: Getting beyond Groupthink to Make Groups Smarter* (Cambridge, MA: Harvard Business School Press, 2015); and Irving Janis, *Victims of Groupthink: A Psychological Study of Foreign-Policy Decisions and Fiascoes* (Boston: Houghton Mifflin, 1972).

【21】 Tali Shardt and Cass R. Sunstein, "Why Facts Don't Unify Us," *New York Times* (September 2, 2016), http://www.nytimes .com/2016/09/04/opinion/ sunday/why-facts-dont-unify- us.html?_r=0.

國家圖書館出版品預行編目資料

大數據與公共政策／唐諾・科特（Donald F. Kettl）著；謝孟達譯. -- 初版. -- 臺北市：五南，2019.12
面； 公分
譯自：Little bites of big data for public policy
ISBN 978-957-763-565-5（平裝）

1.公共政策 2.公共行政 3.行政管理

572.9 108012543

1PDA

大數據與公共政策

Little Bites of Big Data for Public Policy

作　　者 — 唐諾・科特（Donald F. Kettl）
譯　　者 — 謝孟達
審 閱 者 — 陳敦源、李仲彬
發 行 人 — 楊榮川
總 經 理 — 楊士清
總 編 輯 — 楊秀麗
副總編輯 — 劉靜芬
責任編輯 — 黃郁婷、黃麗玟、呂伊真、陳采婕
封面設計 — 姚孝慈
出 版 者 — 五南圖書出版股份有限公司
地　　址：106台北市大安區和平東路二段339號4樓
電　　話：(02)2705-5066　　傳　真：(02)2706-61
網　　址：http://www.wunan.com.tw
電子郵件：wunan@wunan.com.tw
劃撥帳號：01068953
戶　　名：五南圖書出版股份有限公司

法律顧問　林勝安律師事務所　林勝安律師

出版日期　2019年12月初版一刷
定　　價　新臺幣300元

凝煉知識品味閱讀

凝煉知識品味閱讀